水利水电工程建设从业人员安全培训丛书

水利水电工程安全生产法律法规

王东升　杨松森　主　编
谭春玲　王艳玲　李茂彤　副主编

中国建筑工业出版社

图书在版编目(CIP)数据

水利水电工程安全生产法律法规/王东升，杨松森主编. —北京：中国建筑工业出版社，2019.7
（水利水电工程建设从业人员安全培训丛书）
ISBN 978-7-112-23810-1

Ⅰ.①水… Ⅱ.①王…②杨… Ⅲ.①水利水电工程-安全生产-安全法规-中国-岗位培训-教材 Ⅳ.①D922.54

中国版本图书馆CIP数据核字(2019)第105297号

责任编辑：李 杰 李 明
责任校对：张 颖

水利水电工程建设从业人员安全培训丛书
水利水电工程安全生产法律法规
王东升 杨松森 主 编
谭春玲 王艳玲 李茂彤 副主编

*

中国建筑工业出版社出版、发行（北京海淀三里河路9号）
各地新华书店、建筑书店经销
北京科地亚盟排版公司制版
大厂回族自治县正兴印务有限公司印刷

*

开本：787×1092毫米 1/16 印张：12¼ 字数：253千字
2019年7月第一版 2019年7月第一次印刷
定价：**45.00**元
ISBN 978-7-112-23810-1
(33940)

版权所有 翻印必究
如有印装质量问题，可寄本社退换
（邮政编码100037）

本书编委会

主　　编：王东升　杨松森
副 主 编：谭春玲　王艳玲　李茂彤
参编人员：李尚秦　邢庆如　张海霞　鲁凌云
　　　　　林　浩

出 版 说 明

根据《安全生产法》《建设工程安全生产管理条例》《水利工程建设安全生产管理规定》(水利部令第 49 号)、《生产经营单位安全培训规定》(国家安全生产监督管理总局第 80 号令)、《国务院安委会关于进一步加强安全培训工作的决定》(安委〔2012〕10 号)、《水利部办公厅关于进一步加强水利水电工程施工企业主要负责人、项目负责人和专职安全生产管理人员安全生产培训工作的通知》(办安监函〔2015〕1516 号)等要求,为进一步提高水利生产经营单位安全培训质量,有效防止和减少水利水电工程建设从业人员违章指挥、违规作业和违反劳动纪律的行为,保障大规模水利建设安全生产,我们组织编写了这套"水利水电工程建设从业人员安全培训丛书"。

本套教材由《水利水电工程安全生产法律法规》《水利水电工程安全生产管理》《水利水电工程施工安全生产技术》和《水利水电工程机械安全生产技术》四册组成。在编纂过程中,我们依据现行法律法规和最新行业标准规范,结合《水利水电工程施工企业安全生产管理三类人员考核大纲》,坚持以人为本与可持续发展的原则,突出系统性、针对性、实践性和前瞻性,体现水利水电工程行业发展的新常态、新法规、新技术、新工艺、新材料等内容,使水利水电工程建设从业人员能够比较系统、便捷地掌握安全生产知识及安全生产管理能力。本套教材可用于水利生产经营单位从业人员安全培训和水利水电工程二级建造师继续教育,也可作为大中专院校水利相关专业的教学及参考用书。

本套教材的编写得到了清华大学、山东大学、中国海洋大学、青岛理工大学、山东农业大学、山东鲁润职业培训学校、山东省住房和城乡建设厅、山东省水利厅、中国水利企业协会、中国建筑工业出版社、山东水安注册安全工程师事务所、山东中英国际工程图书有限公司等单位的大力支持,在此表示衷心的感谢。本套教材虽经反复推敲核证,仍难免有不妥甚至疏漏之处,恳请广大读者提出宝贵意见。

编审委员会

2019 年 05 月

前　言

本书主要依据《安全生产法》《建设工程安全生产管理条例》《水利工程建设安全生产管理规定》(水利部令第 49 号)《生产经营单位安全培训规定》(国家安全生产监督管理总局第 80 号令)、《国务院安委会关于进一步加强安全培训工作的决定》(安委〔2012〕10 号)、《水利部办公厅关于进一步加强水利水电工程施工企业主要负责人、项目负责人和专职安全生产管理人员安全生产培训工作的通知》(办安监函〔2015〕1516 号)等规定进行编写，主要包括法学的基本知识、水利水电工程建设安全生产法律法规主要内容、水利工程建设安全生产法律责任和建设行政执法简介等四章，其中水利水电工程建设安全生产法律法规主要内容、安全生产法律责任和建设行政执法作为重点章节。本书同时编录了《现行建设工程安全管理法律法规和文件目录》(附录 1)、《现行主要建筑安全技术规范标准目录》(附录 2)，供读者参考查询。

本书的编写广泛征求了水利水电行业的主管部门、高等院校和企业等有关专家的意见，并经过多次研讨和修改。清华大学、山东大学、中国海洋大学、青岛理工大学、山东鲁润职业培训学校、山东省住房和城乡建设厅、山东省水利厅、中国水利企业协会、山东中英国际建筑工程技术有限公司等单位对本书的编写工作给予了大力支持；本书在编写过程中参考了大量的教材、专著和相关资料，在此谨向有关作者致以衷心感谢！

限于我们水平和经验，书中疏漏和错误难免，诚挚希望读者提出宝贵意见，以便完善。

编　者

2019 年 05 月

目 录

第1章 法学的基本知识

本章要点 ·· 1
1.1 法的基本知识 ·· 1
  1.1.1 法的概念 ·· 1
  1.1.2 法的本质 ·· 1
  1.1.3 法的特征 ·· 2
  1.1.4 法的作用 ·· 2
  1.1.5 法的渊源 ·· 3
1.2 法律关系 ··· 5
  1.2.1 法律关系的主体 ··· 5
  1.2.2 法律关系的客体 ··· 6
  1.2.3 法律关系的内容 ··· 6
1.3 法律责任 ··· 6
  1.3.1 法律责任的概念 ··· 6
  1.3.2 法律责任的分类 ··· 6
  1.3.3 法律责任的承担 ··· 7
  1.3.4 法律责任的免除 ··· 8
  1.3.5 法律制裁 ·· 8
1.4 法律效力 ··· 10
  1.4.1 法律效力的层次 ··· 10
  1.4.2 法的效力的范围 ··· 10
  1.4.3 法的效力的裁决 ··· 11
考试习题 ·· 11

第2章 水利水电工程建设安全生产法律法规主要内容

本章要点 ·· 18
2.1 安全生产法律法规概述 ·· 18
  2.1.1 安全生产法律法规的概念 ··· 18
  2.1.2 安全生产法律法规体系 ·· 18
  2.1.3 安全生产法律法规的作用 ··· 19
2.2 水利水电工程建设安全生产法律法规概述 ·· 20

2.2.1	水利水电建设工程安全生产法律法规的立法历程和意义	20
2.2.2	水利水电工程建设安全生产法律法规调整的对象	22
2.2.3	水利水电工程建设安全生产法律法规的作用	23

2.3 水利水电工程建设相关安全生产法律 23
  2.3.1 《中华人民共和国安全生产法》 23
  2.3.2 《中华人民共和国建筑法》 26
  2.3.3 《中华人民共和国水法》 27
  2.3.4 《环境保护法》 29
  2.3.5 《特种设备安全法》 29
  2.3.6 《中华人民共和国职业病防治法》 30
  2.3.7 其他法律中有关水利水电工程建设安全生产的主要内容 33

2.4 水利水电工程建设相关安全生产行政法规 39
  2.4.1 《建设工程安全生产管理条例》 39
  2.4.2 《安全生产许可证条例》 42
  2.4.3 《生产安全事故报告和调查处理条例》 43
  2.4.4 《工伤保险条例》 43

2.5 水利水电工程建设相关安全生产规章 44
  2.5.1 《水利工程建设安全生产管理规定》 45
  2.5.2 《建筑施工企业安全生产许可证管理规定》 47
  2.5.3 《建筑起重机械安全监督管理规定》 48
  2.5.4 《安全生产领域违法违纪行为政纪处分暂行规定》 48
  2.5.5 《安全生产事故隐患排查治理暂行规定》 49

2.6 水利水电工程建设规范性文件及其他文件 51
  2.6.1 国务院安全生产文件 52
  2.6.2 水利部及其他部委安全生产文件 56

2.7 山东省水利水电工程建设相关法规及规范性文件 67
  2.7.1 山东省委省政府关于深入推进安全生产领域改革发展的实施意见 67
  2.7.2 《山东省安全生产条例》 73
  2.7.3 《山东省生产经营单位安全生产主体责任规定》 80

2.8 水利水电工程建设相关标准 88
  2.8.1 标准的分类 88
  2.8.2 工程建设标准概述 89
  2.8.3 常用主要的建筑安全技术标准简介 89

2.9 国际公约 94

考试习题 95

第3章 水利工程建设安全生产法律责任

本章要点 122

- 3.1 水利工程建设安全生产法律责任概述 … 122
- 3.2 建设单位的安全生产法律责任 … 123
  - 3.2.1 违反《安全生产法》的责任 … 123
  - 3.2.2 违反《建筑法》的责任 … 123
  - 3.2.3 违反《建设工程安全生产管理条例》的责任 … 123
  - 3.2.4 违反《水利工程建设安全生产管理规定》的责任 … 124
  - 3.2.5 违反《实施工程建设强制性标准监督规定》的责任 … 124
  - 3.2.6 违反《水利工程建设项目验收管理规定》的责任 … 124
  - 3.2.7 违反《水利基本建设项目稽察暂行办法》的责任 … 124
- 3.3 勘察、设计单位的安全生产法律责任 … 125
  - 3.3.1 违反《建筑法》的责任 … 125
  - 3.3.2 违反《建设工程安全生产管理条例》的责任 … 125
  - 3.3.3 违反《水利工程建设安全生产管理规定》的责任 … 125
  - 3.3.4 违反《实施工程建设强制性标准监督规定》的责任 … 125
  - 3.3.5 违反《水利工程建设项目验收管理规定》的责任 … 125
  - 3.3.6 违反《水利基本建设项目稽察暂行办法》的责任 … 126
- 3.4 工程监理单位的安全生产法律责任 … 126
  - 3.4.1 违反《建设工程安全生产管理条例》的责任 … 126
  - 3.4.2 违反《水利工程建设安全生产管理规定》的责任 … 126
  - 3.4.3 违反《实施工程建设强制性标准监督规定》的责任 … 127
  - 3.4.4 违反《水利工程建设项目验收管理规定》的责任 … 127
  - 3.4.5 违反《水利基本建设项目稽察暂行办法》的责任 … 127
- 3.5 施工单位的安全生产法律责任 … 127
  - 3.5.1 违反《建筑法》的责任 … 127
  - 3.5.2 违反《安全生产法》的责任 … 128
  - 3.5.3 违反《特种设备安全法》的责任 … 131
  - 3.5.4 违反《建设工程安全生产管理条例》的责任 … 132
  - 3.5.5 违反《安全生产许可证条例》的责任 … 133
  - 3.5.6 违反《生产安全事故报告和调查处理条例》的责任 … 134
  - 3.5.7 违反《实施工程建设强制性标准监督规定》的责任 … 134
  - 3.5.8 违反《建筑施工企业安全生产许可证管理规定》的责任 … 134
  - 3.5.9 违反《水利工程建设安全生产管理规定》的责任 … 135
  - 3.5.10 违反《水利工程建设项目验收管理规定》的责任 … 135
  - 3.5.11 违反《水利基本建设项目稽察暂行办法》的责任 … 135
  - 3.5.12 违反《水利水电工程施工企业主要负责人、项目负责人和专职安全生产管理人员安全生产考核管理办法》的责任 … 136
  - 3.5.13 违反《水利建设工程施工分包管理规定》的责任 … 136
  - 3.5.14 其他法律、法规的相关规定 … 136

3.6 水利工程建设其他相关单位安全生产法律责任 ... 138
3.6.1 评价认证与检测检验机构的安全生产法律责任 ... 138
3.6.2 机械设备和配件提供单位的安全生产法律责任 ... 138
3.6.3 设备与机具出租单位的安全生产法律责任 ... 138
3.6.4 起重机械安装单位的安全生产法律责任 ... 139
3.7 水利工程建设其他相关人员的建筑安全生产法律责任 ... 139
3.7.1 施工企业管理人员的安全生产法律责任 ... 139
3.7.2 注册执业人员的安全生产法律责任 ... 144
3.8 行政主管部门及其工作人员安全生产法律责任 ... 144
3.8.1 违反《安全生产法》的责任 ... 144
3.8.2 违反《建设工程安全生产管理条例》的责任 ... 144
3.8.3 违反《安全生产许可证条例》的责任 ... 145
3.8.4 违反《生产安全事故报告和调查处理条例》的责任 ... 145
3.8.5 违反《国务院关于特大安全事故行政责任追究的规定》的责任 ... 145
3.8.6 违反《建筑施工企业安全生产许可证管理规定》的责任 ... 147
3.8.7 违反《水利工程建设项目验收管理规定》的责任 ... 147
3.8.8 违反《水利基本建设项目稽察暂行办法》的责任 ... 147
考试习题 ... 147

第4章 建设行政执法简介

本章要点 ... 166
4.1 建设行政执法概述 ... 166
4.1.1 建设行政执法的概念 ... 166
4.1.2 建设行政执法的基本内容 ... 166
4.1.3 建设行政许可 ... 168
4.1.4 建设行政备案 ... 169
4.2 建设行政处罚程序 ... 169
4.2.1 简易程序 ... 169
4.2.2 一般程序 ... 170
4.2.3 听证程序 ... 171
4.2.4 送达程序 ... 172
4.2.5 执行程序 ... 172
4.2.6 结案 ... 172
考试习题 ... 172

附录1 现行建设工程安全管理法律法规和文件目录

附录2 现行主要建筑安全技术规范标准目录

参考文献 ... 186

第 1 章 法学的基本知识

本 章 要 点

本章主要介绍了法学的理论知识，包括法的基本知识、法律关系、法律责任和法律效力等。

1.1 法的基本知识

1.1.1 法的概念

1. 法

法是由国家制定或认可，并由国家强制力保证实施的具有普遍约束力的行为规范的总和，其目的在于维护、巩固和发展一定的社会关系和社会秩序。通俗地讲，法是社会生活中判断人们行为是与非的一种界限，是调整人们行为的一种社会规范。

2. 法律

法律有广义和狭义两层含义。在我国现代法律制度中，广义的法律是指包括宪法、法律、行政法规、地方性法规、规章、自治条例、单行条例及有法律效力的解释等在内的一切规范性文件；狭义的法律仅指全国人民代表大会及其常委会制定的法律。

1.1.2 法的本质

法的本质，即法的根本属性，是指国家按照统治阶级的意志制定或认可，并以国家强制力保证其实施的行为规范。

（1）法是统治阶级基本意志的体现，是由在经济上、政治上居于支配地位的统治阶级制定的，其规定和调整的是有关统治阶级的基本利益、社会基本制度和主要的社会关系。

（2）法是统治阶级国家意志的体现，是统治阶级通过自己所掌握的国家政权，把自己的意志上升为国家意志，体现了统治阶级的整体意志。

（3）法所体现的统治阶级意志的内容，是由该阶级的经济基础，即统治阶级所代表的、与一定生产力发展水平相适应的生产关系所决定的。

我国社会主义法的本质是工人阶级领导的全国人民共同意志的体现，表达了全国人民的共同意愿。

1.1.3 法的特征

法的特征是法的本质的外在表现，是区别于其他社会规范的显著特点。法主要有以下特征：

（1）法是一种特殊的社会规范

社会规范是调整人与人之间社会关系的行为规则，包括法律规范、政治规范、道德规范和宗教规范等。法作为一种特殊的社会规范，它规定了人们可以做什么、应该做什么或不应该做什么，从而为人们的行为提供了一个模式、标准或方向。

（2）法是由国家制定或认可的

制定和认可是国家创制法的两种方式。制定是指国家机关在其职权范围内，依照法定程序制定出具有一定法律效力的规范性文件，从而形成成文法；认可是指国家有权机关对社会上已经存在的而且有利于统治阶级的某一行为规则，如习惯、道德等加以确认，使之具有法律效力，从而产生习惯法。

（3）法规定了人们的权利和义务

法的主要内容就是规定人们在法律上的权利和义务，法正是通过规定人们在一定社会关系中的权利和义务从而形成有利于统治阶级的社会关系和社会秩序。

（4）法是由国家强制力保证实施的

国家强制力是指国家的军队、警察、法庭、监狱等国家暴力。如果法律的实施没有国家强制力的保证作后盾，违反法律的行为得不到惩罚，法律所体现的阶级意志也就得不到贯彻和保障。因此，国家强制力是法律与其他社会规范的重要区别。

1.1.4 法的作用

法的作用，又称法的功能，泛指法对个人以及社会发生影响的体现，包括法的规范作用和社会作用两个方面。

（1）法的规范作用

从法调整人们的行为这一特征来分析，法的规范作用表现在以下几个方面：

1）指引作用，是指法能够为人们的行为提供一个既定的模式，从而引导人们在法所允许的范围内从事社会活动的作用。法的目的并不在于要制裁违法行为，而是在于引导人们正确地行为。

2）评价作用，是指法作为一种行为标准或尺度，具有衡量、评价人们行为的作用。

3）预测作用，是指法具有使人们根据法律规定，可以预先估计到自己行为的法律后果，从而决定自己行为方向的作用。

4）强制作用，是指法具有制裁和惩罚违法犯罪行为的作用。

5）教育作用，是指法具有通过其规定和实施，影响人们的思想，培养人们的法律意识，通过对合法行为的肯定和违法犯罪行为的否定、制裁，对社会成员起到教育的作用。

（2）法的社会作用

从法的本质和目的这一角度分析，法的社会作用主要表现在以下两个方面：

1）维护统治阶级的阶级统治的作用。这是法的社会作用的核心。国家制定法律的最重要目的，就是通过法律来实现国家的统治职能，维护统治阶级的阶级统治，维护国家政权是法的关键的社会作用。

2）执行社会公共事务的作用。法是社会的行为规则，必然要承担一定的社会公共事务的职能。如环境保护、交通、通信和安全生产等方面的法律主要发挥了执行社会公共事务的作用。

1.1.5 法的渊源

法的渊源在法学中是一个非常重要的概念。法学上所说的法的渊源通常是指形式意义上的渊源，即法律规范的效力来源和表现形式。法律规范的产生方式不同，制定机关不同，其表现形式和法律效力的位阶也就不同。

（1）宪法

宪法是国家最根本的法的渊源，其法律地位和效力是最高的，它是国家最高权力的象征和标志。

我国宪法规定了当代中国的根本的社会、经济和政治制度，各种基本原则、方针、政策，公民的基本权利和义务，各主要国家机关的组成和职权、职责等，涉及社会生活各个领域的最根本、最重要的方面。宪法是由我国最高权力机关——全国人民代表大会制定和修改的，宪法的地位决定了其制定和修改的程序极其严格。宪法具有最高的法的效力，一切法律、行政法规和地方性法规都不得同宪法相抵触，否则，就会被修改或废止。在我国，全国人大监督宪法的实施，全国人大常委会解释并监督宪法的实施，对违反宪法的行为予以追究。

（2）法律

狭义上讲，在我国，法律仅指全国人大及其常委会制定的规范性文件，其地位和效力仅次于宪法。

法律由于制定机关的不同可分为基本法律和一般法律两大类。基本法律，即由全国人大制定和修改的刑事、民事、国家机构和其他方面的规范性文件，如刑法、刑事诉讼法等；一般法律为基本法律以外的其他法律，即由全国人大常委会制定和修改的规范性文件，如文物保护法、商标法等。在全国人大闭会期间，全国人大常委会也有权对全国人大制定的法律在不同该法律基本原则相抵触的条件下进行部分补充和修改。

全国人大及其常委会作出的具有规范性的决议、决定、规定、办法等，也属于"法律"类的法的渊源。

(3) 行政法规

行政法规是指国务院根据宪法和法律，按照法定程序制定的有关行使行政权力、履行行政职责的规范性文件的总称，其名称一般为"条例"，也可为"规定"、"办法"等，通常以国务院令的形式颁布，其效力次于法律，高于部门规章和地方法规，如《建设工程安全生产管理条例》《国务院关于特大安全事故行政责任追究的规定》等。从法律效力上讲，行政法规的效力仅次于宪法和法律。

(4) 地方性法规

地方性法规是指一定的地方国家权力机关根据本行政区域的具体情况和实际需要，依法制定的在本行政区域内具有法的效力的规范性文件，地方性法规与行政法规一样，一般采用条例、规定、办法等名称。包括以下两个层次：

1) 省、自治区、直辖市的人民代表大会及其常务委员会制定的仅适用于本行政区域内的规范性法律文件。

2) 较大的市（指省、自治区的人民政府所在地的市，经济特区所在地的市和经国务院批准的较大的市）的人民代表大会及其常务委员会制定的仅适用于本行政区域内的规范性法律文件。

省级人民代表大会及其常务委员会制定的地方性法规应报全国人大常务委员会备案；较大的市制定的，应报省级人民代表大会常务委员会批准后施行，并由省级人大常委会报全国人大常务委员会和国务院备案。

(5) 规章

规章是按照一定程序制定的规范性文件，按制定主体的不同可分为部门规章和地方性规章。

1) 部门规章，是指国务院组成部门及直属机构根据法律和国务院行政法规、决定、命令，在本部门的权限内，所发布的各种行政性的规范性法律文件。其法律地位和效力低于宪法、法律、行政法规，如住房城乡建设部颁布的《建筑施工企业安全生产许可证管理规定》（建设部令第128号）。

2) 地方性规章，是指省、自治区、直辖市的人民政府和经国务院批准的较大的市的人民政府，根据法律、行政法规和本行政区的地方性法规制定的规范性法律文件，其法律地位和效力低于宪法、法律、行政法规和地方性法规，如山东省人民政府颁布的《山东省建筑安全生产管理规定》（山东省人民政府令第132号）。

(6) 国际条约、国际惯例

1) 国际条约，是指两个或者两个以上的国家关于政治、经济、文化、贸易、法律以及军事等方面规定其相互权利和义务的各种协议的总称。在我国，国际条约是指我国与其他国际法主体（国家或政府间国际组织）之间签订的缔结的双边、多边协议和其他具有条约、协定性质的文件，如 2001 年我国加入的 1988 年建筑安全卫生公约，也称 167 号公约。国际条约属于国际法而不属于国内法的范畴，但是经过法定程序批准生效的国际条例具有同国内法同等的约束力，从这个意义上说国际条约也属于国内法的范畴，是我国法律的重要渊源。

2）国际惯例，是指以国际法院等国际裁决机构的判例所体现或确认的国际法规则和国际交往中形成的共同遵守的不成文的习惯，如"菲迪克"国际惯例。

我国《民法通则》规定："中华人民共和国缔结或者参加的国际条约同中华人民共和国的民事法律有不同规定的，适用国际条约的规定，但中华人民共和国声明保留的条款除外。中华人民共和国法律和中华人民共和国缔结或者参加的国际条约没有规定的，可以适用国际惯例。"

1.2 法律关系

法律关系是指法律规范在调整人们行为过程中形成的权利义务关系，是社会关系的一种形式。它是由主体、客体和内容三要素构成的，是构成法律关系最基本的要件，三者密切相连、缺一不可。

1.2.1 法律关系的主体

法律关系的主体是法律关系的参加者，即在法律关系中一定权利的享有者和一定义务的承担者，是构成法律关系的第一要素。

（1）法律关系主体的类型

法律关系主体的类型包括国家、公民、国家机关、事业单位、企业和社会团体等。其中，国家作为一个整体成为法律关系的主体，有以下三种情况：其一，在国际事务法律关系中，国家是国际法律关系的主体，代表一个国家的全体民众签订国际条约，参与国际交往；其二，在一个国家内部，国家代表全体人民行使公共权力，是一切公共财产所有者的代表；其三，在民事法律关系中，根据《国家赔偿法》的规定，国家可以是民事法律关系的主体。

（2）法律关系主体应具备的能力

作为法律关系的主体，在法律关系中要享有一定的权利和承担一定的义务，就必须具备一定的能力，包括权利能力和行为能力。

1）权利能力，通常指能够享有权利和承担义务的资格。权利能力一般分为自然人的权利能力和法人的权利能力。自然人的权利能力，即一般权利能力，是指能够享有民事权利、承担民事义务的资格，始于出生，终于死亡。法人的权利能力，也称特殊权利能力，即法律赋予法人享有权利和承担义务的资格。

2）行为能力，通常指能够以自己的行为依法行使权利和承担义务，从而使法律关系发生、变更或消灭的资格。法律对公民的行为能力分为完全行为能力、限制行为能力和无行为能力三种；法人的行为能力是指法人按照自己的意志参与经济活动，取得经济权利，承担经济义务的能力，同权利能力是一致的。

1.2.2 法律关系的客体

法律关系的客体，是指法律关系的权利和义务共同指向的对象，它是法律关系主体权利行使和义务履行所指向的目标。

法律关系客体的类型包括物、精神产品、行为和人身利益。

1.2.3 法律关系的内容

法律关系的内容，即法律关系主体享有的权利和承担的义务，是法律关系最基本的要素。不同的法律关系主体的权利和义务不同，组成法律关系的内容也不同，法律关系的内容不同，决定了法律关系的类型不同。所以，法律关系的实质就是主体的权利义务关系以及权利和义务的确定与划分。

1.3 法律责任

1.3.1 法律责任的概念

法律责任，又称违法责任，是指法律关系主体由于其行为违法，依照法律、法规规定必须承担的消极法律后果。主要包括以下几层含义：

（1）承担法律责任的主体既包括公民、法人，也包括机关和其他社会组织，既包括中国人，也包括外国人和无国籍人；

（2）违法行为的实施是承担法律责任的核心要件，是由法律明确而又具体规定的；

（3）法律责任是一种消极的法律后果，即是一种法律上的惩戒性负担；

（4）法律责任只能由有权国家机关依法予以追究。

1.3.2 法律责任的分类

法律责任的分类，即法律责任的表现形式。以引起责任的行为性质为标准，将其划分为违宪责任、刑事责任、民事责任与行政责任。

（1）违宪责任

违宪责任，是指有关国家机关制定的法律、法规、规章等规范性文件的内容与宪法的规定相抵触，或者有关国家机关、社会组织或公民的活动违反宪法的规定而产生的法律责任。

（2）刑事责任

刑事责任是指法律关系主体违反国家刑事法律，所应承担的应当给予刑罚制裁的法律责任。刑事责任具有以下特点：

1）承担刑事责任的行为具有严重的社会危害性；
2）刑事责任只能由司法机关追究，并依照刑事诉讼程序实施；
3）刑事法律是追究刑事责任的唯一法律依据；
4）刑事责任是一种惩罚性责任，是所有法律责任中最严厉的一种；
5）刑事责任基本上是一种个人责任。

刑事责任也包括集体责任，即在我国称为"单位犯罪"的责任形式，如《刑法》第30条规定："公司、企业、事业单位、机关、团体实施的危害社会的行为，法律规定为单位犯罪的，应当负刑事责任"，第31条规定："单位犯罪的，对单位判处罚金，并对其直接负责的主管人员和其他直接责任人员判处刑罚"。

（3）民事责任

民事责任是指法律关系主体由于违反民事法律、违约或者由于民法规定所应承担的一种法律责任。《民法通则》第106条规定："公民、法人违反合同或者不履行其他义务的，应当承担民事责任。公民、法人由于过错侵害国家的、集体的财产，侵害他人财产、人身的应当承担民事责任。没有过错，但法律规定应当承担民事责任的，应当承担民事责任"。民事责任具有救济性、财产性的特点。

（4）行政责任

行政责任是指法律关系主体因违反行政法或因行政法规定而应承担的法律责任。

1）承担行政责任的主体是行政主体和行政相对人。行政主体是指拥有行政管理职权的行政机关及其公职人员，行政相对人是指负有遵守行政法义务的公民和法人。

2）产生行政责任的原因是行为人的行政违法行为和法律规定的特定情况，一般包括：行政机关的违法行政行为、行政侵权行为、行政不当行为及其公职人员的违法失职行为和普通公民、法人违反行政管理法律、法规的行为。

3）行政责任有四种表现形式：行为责任、精神责任、财产责任和人身责任。

1.3.3 法律责任的承担

法律责任的承担是指责任主体依法承受不利的法律后果，可分为主动承担和被动承担两类。

（1）主动承担法律责任，是指责任主体自觉地承担法律责任，主动支付赔偿、补偿或恢复受损害的利益和权利。

(2) 被动承担法律责任，是指责任主体根据司法机关或行政机关的确认和归结，承担相应的法律责任。

1.3.4 法律责任的免除

法律责任的免除，也称免责，是指法律责任由于出现法定条件被部分或全部地免除。这里的免责是指法定免责。从我国的法律规定和法律实践看，主要存在以下几种免责形式：

(1) 时效免责，即法律责任经过了一定的法定期限而免除。诉讼时效是指民事权利受到侵害的权利人在法定的时效期间内不行使权利，当时效期间届满时，人民法院对权利人的权利不再进行保护的制度。诉讼时效期间经过，权利人的实体权利仍然存在。

时效免责的意义在于：保障当事人的合法权益，督促法律关系的主体及时行使权利，结清权利义务关系，提高司法机关的工作效率，稳定社会生活秩序，促进社会经济的发展。

(2) 不诉及协议免责，是指如果受害人或有关当事人不向法院起诉要求追究行为人的法律责任，行为人的法律责任就实际上被免除，或者受害人在法律允许的范围内协商同意的免责。

(3) 自首、立功免责，是指对那些违法之后有立功表现的人，免除其部分或全部的法律责任。这是一种将功抵过的免责形式。自首是指犯罪后主动投案，向公安、司法机关或其他有关机关如实供述自己的主要犯罪事实的行为。我国刑法规定，自首的可以从轻或减轻处罚。立功，是指犯罪分子揭发他人的犯罪行为，查证属实的，或者提供重要线索，从而得以侦破其他案件的行为，或者协助司法机关抓获其他嫌疑人的行为。

1.3.5 法律制裁

法律制裁是指国家特定机关对违法者依法追究其应承担的法律责任所实施的惩罚性强制措施。

法律制裁是法律责任实现的一种主要方式。法律责任的性质不同，相应的制裁措施也不同。与法律责任的种类相适应，法律制裁分为违宪制裁、刑事制裁、民事制裁和行政制裁。

(1) 违宪制裁

违宪制裁是根据宪法的特殊规定对违宪行为所实施的一种强制性措施。

违宪制裁实施的机关为全国人民代表大会及其常委会，制裁形式主要有撤销或改变同宪法相抵触的法律、法规或规章，罢免应承担责任的国家机关领导成员等。

(2) 刑事制裁

刑事制裁也称刑罚,是人民法院对犯罪行为实施的惩罚措施。刑罚是最严厉的一种法律制裁。刑罚的种类分为主刑和附加刑,附加刑也可以独立适用。

主刑的种类有:管制、拘役、有期徒刑、无期徒刑、死刑。

附加刑的种类有:罚金、剥夺政治权利、没收财产。

(3) 民事制裁

民事制裁是由人民法院对民事违法行为实施的强制性惩罚措施。承担民事责任的方式主要有:停止侵害;排除妨碍;消除危险;返还财产;恢复原状;修理、重作、更换;赔偿损失;支付违约金;消除影响、恢复名誉;赔礼道歉。

人民法院审理民事案件,除适用上述规定外,还可以予以训诫、责令具结悔过、收缴进行非法活动的财物和非法所得,并可以依照法律规定处以罚款、拘留。

(4) 行政制裁

行政制裁是指国家行政机关对违法行为所实施的强制性惩罚措施。行政制裁分为行政处罚、行政处分和行政强制措施。

1) 行政处罚

行政处罚的形式通常有申戒罚、财产罚、行为罚和人身罚四种。

① 申戒罚,是指对违法单位或个人提出警告,申明其行为违法,警告既适用于公民,也适用于法人和其他组织。

② 财产罚,是指强迫有违法行为的单位或个人缴纳一定数量的罚金或剥夺其一定数量的财产,包括罚款、没收违法所得、没收非法财物。

③ 行为罚,是指限制或剥夺违法单位或个人的部分行为权利,包括责令停产停业、暂扣或者吊销许可证、暂扣或者吊销执照。

④ 人身罚,是指限制或剥夺违法个人的人身自由,即行政拘留,一般为 10 日内,加重不超过 15 日。

2) 行政处分

行政处分是指国家机关、企事业单位根据法律、法规和规章的有关规定,按照管理权限,由所在单位或者其上级主管机关对犯有违法和违纪行为的国家工作人员所给予的一种制裁处理。如根据《公务员法》的规定,对于国家公务员和国家机关任命的其他人员的行政处分的形式包括警告、记过、记大过、降级、撤职、开除等。

3) 行政强制措施

行政强制措施是指为了预防、制止正在发生、可能发生的违法行为、危险状态以及不利后果,或者为了保全证据、确保案件查处工作的顺利进行,行政机关依法采取的对有关对象的人身、财产和行为自由加以暂时限制,使其保持一定状态的一种具体行政行为。如在建筑安全生产执法过程中对存在严重隐患的施工现场做出停工整改的行政处理措施,在法律上属于责令停止违法行为、责令限期改正的行政强制措施。

1.4 法律效力

法的效力,即法律的约束力,指人们应当按照法律规定的内容行为,必须服从。通常法的效力分为规范性法律文件的效力和非规范性法律文件的效力。规范性法律文件的效力,也叫狭义的法的效力,即指法律的生效范围或适用范围。非规范性法律文件的效力,指判决书、裁定书、逮捕证、许可证、合同等的法律效力。这些文件在经过法定程序之后也具有约束力,任何人不得违反。但是,非规范性法律文件是适用法律的结果而不是法律本身,因此不具有普遍约束力。

1.4.1 法律效力的层次

法的效力层次是指规范性法律文件之间的效力等级关系。根据我国《立法法》的有关规定,我国法的效力层次可以概括为:

(1) 上位法的效力高于下位法,即规范性法律文件的效力层次决定于其制定主体的法律地位,如:行政法规的效力高于地方性法规。

(2) 在同一位阶的法律之间,特别法优于一般法,即同一事项,两种法律都有规定的,特别法优先适用于一般法。

(3) 在同一位阶的法律之间,新法优于旧法。

1.4.2 法的效力的范围

通常,法律文件分为规范性法律文件和非规范性法律文件,相应地法的效力可以分为规范性法律文件和非规范性法律文件的效力。

规范性法律文件是表现法的内容的形式或者载体,它是普遍、多次和反复适用的法律文件,即通常所谓的法律,有宪法、法律、法规和规章等渊源形式;非规范性法律文件,是指没有普遍约束力,仅针对个别人、具体事所作的有约束力的法律文件。通常指国家机关在适用法的过程中发布的具有法律效力的个别文件。例如民事判决书、裁定书,刑事判决书、委任状、逮捕证、营业执照、结婚证等。

因此,规范性法律文件具有普遍意义;非规范性法律文件针对特定的人,是适用法律的结果。

(1) 法律效力对人的效力,指法律对什么人生效,如有的法律适用于全国公民,有的法律只适用于一部分公民。

(2) 法律效力对事的效力,指法律对什么样的行为有效力,适用于那些事项。这种效力范围的意义在于告诉人们什么行为应当做,什么行为不应当做,什么行为可以做；指明法律对什么事项有效，确定不同法律之间调整范围的界限。

（3）法律的空间效力，指法律在哪些地域有效力，适用于哪些地区。

（4）法律的时间效力，指法律何时生效、何时终止效力以及法律对其生效以前的时间和行为有无溯及力。

1.4.3 法的效力的裁决

在我国对同一事项当法律法规之间规定不一致需要裁决时，通常按照以下原则裁决：

（1）法律之间对同一事项的新的一般规定与旧的特别规定不一致，不能确定如何适用时，由全国人民代表大会常务委员会裁决。

（2）行政法规之间对同一事项的新的一般规定与旧的特别规定不一致，不能确定如何适用时，由国务院裁决。

（3）地方性法规、规章之间不一致时：

1) 同一机关制定的新的一般规定与旧的特别规定不一致时，由制定机关裁决。

2) 地方性法规与部门规章之间对同一事项的规定不一致，不能确定如何适用时，由国务院提出裁决建议。

3) 部门规章之间、部门规章与地方政府规章之间对同一事项的规定不一致时，由国务院裁决。

（4）部门或地方根据授权制定的法规与法律规定不一致，不能确定如何适用时，由全国人民代表大会常务委员会裁决。

考 试 习 题

一、单项选择题（每小题有 4 个备选答案，其中只有 1 个是正确选项。）

1. 法是体现统治阶级意志，由国家制定或认可，受（　　）保证实施的行为规则的总称。

　　A. 国家机器　　　　　　　　B. 国家强制力
　　C. 公民　　　　　　　　　　D. 社会舆论

正确答案：B

2. 从法学的角度来说，法的本质是统治阶级（　　）的工具。

　　A. 实现阶级统治　　　　　　B. 国家扩张
　　C. 打击犯罪　　　　　　　　D. 调整社会经济关系

正确答案：A

3. 我国社会主义法的本质在于它的阶级本性，即它是工人阶级领导下的（　　）共同意志的体现。

A. 全体工商业者　　　　　　　　B. 工人和农民
C. 国内外华人　　　　　　　　　D. 全国人民

正确答案：D

4. 法的作用，又称法的功能，泛指法对个人以及社会发生影响的体现，包含（　　）和法的社会作用两方面内容。
A. 法的调节作用　　　　　　　　B. 法的人文作用
C. 法的学术作用　　　　　　　　D. 法的规范作用

正确答案：D

5. 法的渊源在法学中是一个非常重要的概念，法学上通常所说的法的渊源是指形式意义上的渊源，即法律规范的（　　）。
A. 立法背景　　　　　　　　　　B. 效力来源和表现形式
C. 立法依据　　　　　　　　　　D. 立法程序和依据

正确答案：B

6. 宪法是由（　　）制定和修改的居于最高的、核心的地位的根本大法。
A. 最高国家行政机关　　　　　　B. 最高国家司法机关
C. 国务院　　　　　　　　　　　D. 最高国家权力机关

正确答案：D

7. 狭义的法律，是指（　　）按照法定程序制定的规范性文件，是行政法规、地方性法规、行政规章的立法依据或者基础。
A. 全国人民代表大会及其常务委员会
B. 县级以上人民代表大会及其常务委员会
C. 国务院
D. 县级以上人民政府

正确答案：A

8. 法律关系是指法律规范在调整人们行为过程中形成的（　　）关系，是社会关系的一种形式。
A. 债权债务　　B. 职责、权利　　C. 权利义务　　D. 民事、经济

正确答案：C

9. 从法律关系主体应具备的能力来讲，限制行为能力，是指行为能力受限制的自然人只有不完全的行为能力的资格，即只有部分的行为能力。我国司法实践中通常以（　　）的人为限制行为能力的人。
A. 未满 18 周岁　　　　　　　　B. 满 10 周岁未满 18 周岁
C. 满 10 周岁未满 16 周岁　　　D. 未满 16 周岁

正确答案：B

10. 法律责任，又称违法责任，是指法律关系主体由于其（　　），按照法律、法规规定必须承担的消极法律后果。

　　A. 存在违法意识　　　　　　　　B. 行为违法
　　C. 行为违纪　　　　　　　　　　D. 行为不道德

正确答案：B

11. 违宪责任，是指有关国家机关制定的某种法律和法规、规章，或者有关国家机关、社会组织或公民的活动与（　　）规定相抵触而产生的法律责任。

　　A. 宪法　　　　　　　　　　　　B. 法律
　　C. 宪法或法律　　　　　　　　　D. 法律及行政法规

正确答案：A

12. 刑事责任是指法律关系主体违反（　　），所应承担的应当给予刑罚制裁的法律责任。

　　A. 行政法规定　　　　　　　　　B. 宪法规定
　　C. 违反民法规定　　　　　　　　D. 国家刑事法律规范

正确答案：D

13. 承担行政责任的主体是行政主体和行政相对人。行政主体是指拥有行政管理职权的（　　）。

　　A. 行政机关　　　　　　　　　　B. 行政机关的工作人员
　　C. 行政机关及其工作人员　　　　D. 司法机关及其工作人员

正确答案：C

14. 行政相对人是指负有遵守行政法义务的（　　）。

　　A. 行政机关的工作人员　　　　　B. 法定代表人
　　C. 自然人和法定代表人　　　　　D. 公民和法人

正确答案：D

15. 法律责任的免除，也称免责，是指法律责任由于（　　）被部分或全部地免除。

　　A. 法律修订　　　　　　　　　　B. 出现法定条件
　　C. 责任人请求　　　　　　　　　D. 行政领导批复

正确答案：B

16. 法律责任的免除，也称免责，是指法律责任由于出现法定条件被部分或全部地免除。其中，时效免责即法律责任经过了（　　）而免除。

　　A. 2年以上期限　　　　　　　　 B. 法定期限
　　C. 一定的期限　　　　　　　　　D. 10年以上期限

正确答案：B

17. 法律制裁是指（　　）对违法者依法追究其应承担的法律责任所实施的惩罚性

强制措施。

A. 国家行政机关　　　　　　　　B. 国家特定机关

C. 司法机关　　　　　　　　　　D. 公安机关

正确答案：B

18. 违宪制裁实施的机关是（　　）。

A. 国务院　　　　　　　　　　　B. 国家特定机关

C. 最高人民法院　　　　　　　　D. 全国人民代表大会及其常委会

正确答案：D

19. 刑事制裁也称刑罚，是（　　）对犯罪行为实施的惩罚措施。

A. 公安机关　　B. 人民法院　　C. 人民检察院　　D. 国家行政机关

正确答案：B

20. 刑罚的种类分为主刑和附加刑。其中主刑的种类有（　　）、拘役、有期徒刑、无期徒刑和死刑。

A. 管制　　　　B. 警告　　　　C. 行政拘留　　　D. 罚金

正确答案：A

二、**多项选择题**（每小题有 5 个备选答案，其中至少有 2 个是正确选项。）

1. 法律有广狭两层含义，广义的法律是指包括（　　）在内的一切规范性文件。

A. 宪法

B. 全国人民代表大会及其常委会制定的法律

C. 国务院制定的行政法规

D. 地方人大制定的地方性法规

E. 地方行业主管部门出台的规定

正确答案：ABCD

2. 法的特征是法的本质的外在表现，是区别于其他社会规范的显著特点。法的特征主要有（　　）。

A. 法是一种特殊的社会规范　　　B. 法是由国家制定或认可的

C. 法是由社会道德规范约束执行的　　D. 法规定了人们的权利和义务

E. 法是由国家强制力保证实施的

正确答案：ABDE

3. 法是由国家强制力保证实施的。国家强制力是指国家的（　　）等有组织的国家暴力。

A. 民间组织　　B. 军队、警察　　C. 法庭　　　　D. 社会团体

E. 监狱

正确答案：BCE

4. 从法调整人们的行为这一特征来分析，法的规范作用表现在（　　）等方面。
A. 指引作用　　　B. 评价作用　　　C. 预测作用　　　D. 强制作用
E. 教育作用

正确答案：ABCDE

5. 从目前看，我国社会主义法的渊源主要有（　　）。
A. 地方主管部门规定　　　　　　B. 宪法、法律
C. 行政法规、地方性法规、规章　　D. 企业规章制度
E. 国际条约、国际惯例和经济协议

正确答案：BCE

6. 下列对我国的宪法的叙述，正确的是（　　）。
A. 体现统治阶级意志
B. 确定国家制度和社会制度的基本原则
C. 规定公民基本权利和义务
D. 在整个国家所有法的渊源中处于核心地位
E. 由最高国家行政机关国务院制定

正确答案：ABCD

7. 行政规章也称部门规章。其法律地位和效力低于（　　）。
A. 宪法　　　B. 法律　　　C. 地方性法规　　　D. 行政法规
E. 地方性规章

正确答案：ABD

8. 法律关系是由（　　）三要素构成的，任何法律关系都必须具备这三要素。
A. 行为　　　B. 主体　　　C. 客体　　　D. 内容
E. 责任

正确答案：BCD

9. 法律责任的分类，也就是法律责任的各种表现形式。以引起责任的行为性质为标准，可将法律责任划分为（　　）。
A. 经济责任　　　B. 民事责任　　　C. 行政责任　　　D. 刑事责任
E. 违宪责任

正确答案：BCDE

10. 行政处罚的形式通常有（　　）。
A. 申戒罚　　　　　　　　B. 财产罚
C. 行为罚　　　　　　　　D. 赔偿罚
E. 人身罚

正确答案：ABCE

三、判断题（答案 A 表示说法正确，答案 B 表示说法不正确）

1. 我国现代法律中，狭义的法律仅指全国人民代表大会及其常务委员会制定的法律。

正确答案：A

2. 法是统治阶级国家意志的体现，即统治阶级主要领导人或部分领导阶层共同意志的体现。

正确答案：B

3. 我国的法，从宪法到普通法，从行政法规到地方性法规，都是分别由各级人民代表大会及其常设机构、国家行政机关制定和通过的，表达了人民的共同意愿。

正确答案：A

4. 从法的本质和目的这一角度分析，法的社会作用主要表现在以下两个方面：一是维护统治阶级的阶级统治的作用，二是执行社会公共事务的作用。

正确答案：A

5. 法的特征是法的本质的外在表现，是区别与其他社会规范的显著特点。

正确答案：A

6. 宪法具有最高的效力等级，是其他法律的立法依据和基础，其他法律不能违背它的规定或者精神，否则无效。

正确答案：B

7. 从法律效力上讲，行政法规的效力仅次于宪法而高于法律、地方性法规。

正确答案：B

8. 国际条约属于国际法而不属于国内法的范畴，但是经过法定程序批准生效的国际条例具有同国内法同等的约束力，从这个意义上来说国际条约也属于国内法的范畴，是我国法律的重要渊源。

正确答案：A

9. 法律关系的三要素，三者密切相连，但也并不是任何法律关系都必须具备这三要素。

正确答案：B

10. 从法律关系主体应具备的能力来讲，无行为能力，是指自然人没有依自己的行为享有权利、承担义务的资格。在我国司法实践中，以不满 10 周岁的未成年人以及依法宣告为无行为能力的人的精神病患者是无行为能力的人，其法律行为由其法定代理人代为进行。

正确答案：A

11. 法律关系的实质就是主体的权利和义务的关系以及权利和义务的确定和划分。法律关系的内容也可以说是与主体的权利和义务有关的一切活动。

正确答案：A

12. 承担法律责任的主体既包括公民、法人，也包括机关和其他社会组织，但不包括外国人和无国籍人。

正确答案：B

13. 民事责任是指法律关系主体由于违反民事法律、违约或者由于民法规定所应承担的一种法律责任。

正确答案：A

14. 在各种法律责任中，产生行政责任的原因仅是由于行为人的行政违法行为所致。

正确答案：B

15. 不诉及协议免责，是指如果受害人或有关当事人不向法院起诉要求追究行为人的法律责任，行为人的法律责任就实际上被免除，或者受害人在法律允许的范围内协商同意的免责。

正确答案：A

16. 自首是指犯罪后主动投案，向公安、司法机关或其他有关机关供述自己的主要犯罪事实的行为。

正确答案：B

17. 民事制裁是由各级人民法院和行政机关对民事违法行为实施的强制性惩罚措施。

正确答案：B

18. 在同一位阶的法律之间，特别法优于一般法，即同一事项，两种法律都有规定的，特别法优先适用于一般法。

正确答案：A

19. 规范性法律文件和非规范性法律文件具有普遍意义，是针对特定的人。

正确答案：B

20. 地方性法规与部门规章之间对同一事项的规定不一致，不能确定如何适用时，由全国人大提出裁决建议。

正确答案：B

第 2 章 水利水电工程建设安全生产法律法规主要内容

本 章 要 点

本章主要介绍了安全生产法律法规的概念和作用,以及水利水电工程建设相关安全生产法律法规、规章、规范性文件、技术标准和国际公约的简要内容。

2.1 安全生产法律法规概述

2.1.1 安全生产法律法规的概念

安全生产法律法规是指调整在生产过程中产生的与劳动者的安全与健康,以及生产资料和社会财富安全保障有关的各种社会关系的法律规范的总和。安全生产法律法规是国家法律体系中的重要组成部分。我们通常说的安全生产法律法规是有关安全生产的法律、行政法规、规章的总称。全国人大和国务院及有关部委、地方人大和政府颁布的有关安全生产、职业安全卫生、劳动保护等方面的法律、行政法规、地方性法规、决定、规定等,都属于安全生产法律法规范畴。

从广义的角度讲,涉及保障安全生产条件的国家和行业技术标准和工程建设技术标准中有关安全生产的强制性条文也属于安全生产法律法规的范畴。

2.1.2 安全生产法律法规体系

法律体系是指由一国现行的全部法律规范按照不同的法律部门分类组合而形成的一个呈体系化的有机联系的统一整体。安全生产法律法规体系是由国家根本法、国家基本法、劳动综合法、安全生产与健康基本法、专门安全法、行政法规及安全标准等组成,如表 2-1 所示。

我国的安全生产法律法规体系　　　　表 2-1

国家根本法	宪法
国家基本法	刑法、民法通则
劳动综合法	劳动法、劳动合同法

续表

安全生产与健康基本法	安全生产法和职业病防治法
专门安全法	消防、矿山、建筑以及航空等
行政法规	安全条例、规章、规程、规定
安全标准	基础标准（安全色、安全标志等标准）、管理标准（安全检查标准、安全评价标准等标准）、技术标准（起重机械、临时用电等标准）

另外国家、行业主管部门、地方政府以及企事业单位可根据国家有关法律、法规和标准、规范，结合实际情况制定并颁布有关安全生产方面的具体工作制度。

2.1.3 安全生产法律法规的作用

依法治国是我国的基本方略，是加强安全生产法制建设是安全生产工作的最基本条件之一。加强安全生产法制建设就是要通过制定法律、法规，来规范企业经营者与政府之间、劳动者与经营者之间、劳动者与劳动者之间、生产过程与自然界之间的关系；把国家保护劳动者的生命安全与健康，生产经营人员的生产利益与效益，以及保障社会资源和财产的方针、政策具体化、条文化，强化企业、从业人员和政府监管部门安全生产责任，做到企业的生产经营行为和过程有法可依、有章可循，使政府安全生产监督管理有法可依。目前，我国的安全生产法律法规已初步形成一个以宪法为依据，以《安全生产法》为主体的，由有关法律、行政法规、地方性法规和有关行政规章、技术标准所组成的综合体系。安全生产法律法规的作用主要表现在以下几个方面：

（1）为保护劳动者的安全健康提供法律保障

我国的安全生产法律法规是以规范安全生产行为和安全生产条件，保障职工在生产中的安全、健康为前提的。它不仅从管理上规定了人们的安全行为规范，也从生产技术上、设备上规定实现安全生产和保障职工安全健康所需的物质条件。多年安全生产工作实践表明，切实维护劳动者安全健康的合法权益，单靠思想政治教育和行政管理并不能达到目的，不仅要制订出各种保证安全生产的法律规范和措施，而且要强制人人都必须遵守法律法规和规章，要用国家强制力来促使人们按照科学办事，尊重自然规律、经济规律和生产规律，尊重群众，保证劳动者得到符合安全卫生要求的劳动条件。

（2）加强安全生产管理的法制化建设

安全生产法律法规是加强安全生产法制化管理的基础，很多重要的安全生产法律法规都明确规定了各方主体在安全生产和管理上的职责，使安全生产责任法制化，推动了各级管理部门和企业对劳动保护和安全生产工作的重视，把这项工作摆上领导和管理的议事日程，有利于各方主体安全生产责任地落实。

(3) 推动安全生产工作的开展，促进企业安全生产

安全生产法律法规反映了维护生产正常进行、保护劳动者安全健康所必须遵循的客观规律，对企业搞好安全生产工作提出了明确要求。同时，由于它具有法律约束力，要求人人都要遵守，这样，它对整个安全生产工作的开展具有用国家强制力推行的作用。

(4) 进一步提高生产力，保证企业效益的实现和国家经济建设事业的顺利发展

安全生产是关系到企业和劳动者切身利益的大事，通过安全生产立法，使劳动者的安全健康有了保障，职工能够在符合安全健康要求的条件下从事劳动生产，这样必然会激发他们的劳动积极性和创造性，从而促使劳动生产率大大提高。同时，安全生产技术法规和标准的遵守和执行，必然提高生产过程的安全性，使生产的效率得到保障和提高，从而提高企业的生产效率和效益。

安全生产法律法规对生产的安全卫生条件提出与现代化建设相适应的强制性要求，这就促使企业领导在生产经营决策上，以及在技术、装备上采取相应措施，以改善劳动条件、加强安全生产为出发点，加速技术改造的步伐，推动社会生产力的提高。

2.2 水利水电工程建设安全生产法律法规概述

2.2.1 水利水电建设工程安全生产法律法规的立法历程和意义

改革开放以来，水利水电建设事业持续快速发展，在国民经济中的地位和作用逐渐增强，已经成为我国的重要产业之一。随着我国国民经济的快速发展，固定资产投资一直保持了较高的增长水平，水利水电工程建设规模逐年扩大，为水利行业发展带来了千载难逢的机遇。同时，随着我国水利水电建设施工企业的经济成分多样化；水利水电建设工程投资来源日趋多元化；水利水电建设工程的市场化程度大幅度提高；水利水电建筑施工企业的组织结构形式发生了变化；水利水电建筑施工机械设备大量使用；水利水电建筑规模越来越大，水利水电建筑结构形式日益复杂，加之大量新技术、新材料、新工艺的使用，对水利水电建筑施工技术要求越来越高，对水利水电行业的发展和安全生产带来了空前的挑战。

目前我国正在进行历史上规模最大的发展建设，从业人员占全国工业企业总从业人员的比重也在逐年增加。水利水电工程建设的巨大投资和从业人员规模使得安全事故所导致的后果也愈发严重。因此，了解我国水利水电工程项目建设安全管理现状，探究其形成的原因，并试图在法律法规这一根本出发点寻求解决办法，也是研究的根本目的。当前，水利水电建设工程安全生产管理存在以下问题：一是建设生产责任不明确；二是不按基本建设程序进行的工程建设和政府投资工程、"政绩工程"等占有一定比例；三是管理体制缺乏有效监管和激励机制；四是施工作业的工作人员教育程度

和素质参差不齐，自我保护意识差；五是轻视事前管理；六是个人积极性不高；七是没有科学的管理方式。

水利水电建设工程行业的上述特点和存在的问题，致使行业生产安全事故一直居高不下，给人民的生命财产安全造成重大损失。因此，社会各界要求规范建设工程安全生产的呼声逐年高涨。制定法律法规，在法律框架下，采取有效措施，加强安全生产管理，是提高建筑业生产安全水平、减少伤亡事故的发生、实现安全生产的重要前提条件。20世纪90年代初以来，国家逐步加大对建设工程安全生产方面的立法，陆续出台了有关建设工程安全生产的法律、法规、规章和大量的规范性文件，建设工程参建各方主体的安全生产行为正逐步得以规范。

在《安全生产法》出台之前的一段时间内，《建筑法》是规范我国建筑工程安全生产的唯一一部法律。早在1984年，原城乡建设环境保护部就着手研究和起草《建筑法》，后经多次修改，于1994年形成法律草案并报国务院。1996年8月，国务院第49次常务会议讨论通过了《建筑法》（草案），1997年11月1日由第八届全国人大常委会第28次会议审议通过，并以中华人民共和国主席令第91号发布，1998年3月1日起正式施行。《建筑法》的出台，为建筑业发展成为国民经济的支柱产业提供了重要的法律依据，也为推进和完善建筑活动的法制建设提供了重要的法律依据。《建筑法》第5章"建筑安全生产管理"就安全生产的方针、原则，安全技术措施，安全工作职责与分工，安全教育和事故报告等作出了明确的规定，为解决建筑活动中存在的安全生产问题提供了法律武器。

《安全生产法》于2002年6月29日经九届全国人大常委会第28次会议次审议通过，2014年8月31日第十二届第10次会议又通过了《全国人民代表大会常务委员会关于修改〈中华人民共和国安全生产法〉的决定》，自2014年12月1日起施行。《安全生产法》是我国安全生产领域的综合性基本法，它的颁布实施是我国安全生产领域的一件大事，是我国安全生产监督与管理正式纳入法制化管理轨道的重要标志，是以人为本、关爱生命的具体体现，是防止和减少生产安全事故，保障人民群众生命财产安全所采取的一项具有战略意义、标本兼治的重大措施。

1996年，建设部起草了《建设工程安全生产管理条例》上报国务院，之后结合《建筑法》《安全生产法》《招标投标法》《建设工程质量管理条例》等法律、法规作了相应修改。2003年11月12日国务院第28次常务会议讨论通过，2003年11月24日以第393号国务院令予以公布，2004年2月1日起正式施行。《建设工程安全生产管理条例》确立了有关建设工程安全生产监督管理的基本制度，明确了参与建设活动各方主体的安全责任，确保了施工作业人员安全与健康的合法权益，为维护建筑市场秩序，促进建筑业的健康、快速、持续发展提供了重要的法律依据。

2005年6月22日，水利部部务会议通过了《水利工程建设安全生产管理规定》

（水利部令第 26 号，2014 年 8 月 19 日水利部令第 46 号第一次修改，2017 年 12 月 22 日水利部令第 49 号第二次修改）。立法目的是为了加强水利工程建设安全监督管理，明确安全生产责任，防止和减少安全生产事故，保障人民群众生命和财产安全。该规定适用于水利工程的新建、扩建、加固和拆除等活动及水利工程建设安全生产的管理。这部行政法规是水利部根据《中华人民共和国安全生产法》《建设工程安全生产管理条例》等法律法规，结合水利工程的特点制定的。

《水利工程建设安全生产管理规定》是我国第一部规范水利工程建设安全生产的行政法规，是在全面总结我国水利工程建设安全管理的实践经验，借鉴发达国家成熟做法的基础上制定的。条例对水利工程建设中各方面主体的安全责任、政府监督管理、生产安全事故的应急救援和调查处理以及相应的法律责任作了明确规定，确立了一系列符合中国国情以及适应社会主义市场经济要求的水利工程建设安全管理制度，是水利工程建设领域贯彻落《安全生产法》的具体表现，标志着我国水利工程建设安全生产管理进入法制化、规范化发展的新时期。该规定的颁布实施，对于规范和增强水利工程建设各方主体的安全行为和安全责任意识，强化和提高政府安全监管水平和依法行政能力，保障从业人员和广大人民群众的生命财产安全，具有十分深远的意义。

2.2.2 水利水电工程建设安全生产法律法规调整的对象

水利水电工程建设安全生产法律法规调整的对象是指由水利工程安全生产法律法规调整的，在建设活动中形成的以权利和义务为核心的各种关系，主要有行政管理关系、经济协作关系和民事关系等。

（1）行政管理关系

水利水电工程建设活动中的行政管理关系，主要是指发生在国家、水利水电工程建设主管部门同建设单位、勘察设计单位、监理单位、施工单位以及其他有关单位之间的管理与被管理的关系。这种管理与被管理的建设行政法律关系主要有两种类型：一是规划、指导、协调与服务的行政管理关系；二是检查、监督、控制与调节的行政管理关系。

（2）经济协作关系

水利水电工程建设活动中的经济协作关系是指建立在参与建筑活动的各方主体之间的一种平等、自愿、互利、互助的横向经济关系。在这种关系中，参与者的法律地位是平等的。建设、勘察设计、施工、工程监理等单位为了追求一定的经济利益，通过一定程序，签订经济合同，明确参与者的权利和义务。这种关系的建立以经济合同的确立为标志。

（3）民事关系

水利水电工程建设活动中的民事关系是指发生在建设活动过程中各方参与主体之

间、单位和从业人员之间的民事权利义务关系。主要包括：在建设活动中发生的有关自然人损害、侵权、赔偿关系，从业人员的人身和经济确立保护关系等，既涉及国家社会利益，又关系着企业和个人的权益。

上述三种关系必须按照宪法、刑法、民法等基本法在建设安全生产法律法规中予以调整。

2.2.3　水利水电工程建设安全生产法律法规的作用

在水利水电工程建设活动中，各方参与主体和从业人员的行为必须遵循一定的准则，这种行为只有在法律规定的范围内进行，才能得到法律的承认与保护，保障行为人实现建筑活动的预期目的。法律法规的制定和实施是国家从法律上对建设活动实施统一的管理，从投资体制、价格政策、市场机制等多方面予以保障，规范指导建设行为，保护合法建设行为，处罚违法建设行为，为建筑业深化改革，振兴发展，发挥支柱产业作用创造了良好的法律条件。水利水电工程建设安全生产法律法规的制定颁布实施有利于加强对建筑活动的管理，促使行政机关依法行政，规范承发包行为，建立健康、效能、有序、统一的市场秩序，保证建设工程的质量和安全，促进国民经济的发展。水利水电工程建设安全生产法律法规的作用主要体现在规范安全生产行为、保护合法行为和处罚违反相关安全生产法律法规行为三个方面。建设活动各方参与主体须依照法律规范的规定行使权利、履行义务，当合法权利和利益受到不法侵害时，及时运用法律武器保护自己的合法权利，使违反法律规定的主体承担相应的法律责任。

2.3　水利水电工程建设相关安全生产法律

水利水电工程建设安全生产相关法律、法规、规章及标准等，是水利水电工程建设安全生产管理的重要依据，我国制定了多部有关安全生产的法律、行政法规。与水利水电工程建设有关的安全生产法律主要有《安全生产法》《水法》《防洪法》《建筑法》《职业病防治法》《水污染防治法》《水资源保护法》《行政许可法》《行政处罚法》等，水利部也根据国家有关法律，制定了水利安全生产相关政策、制度、行业标准。

2.3.1　《中华人民共和国安全生产法》

《中华人民共和国安全生产法》（简称《安全生产法》）由全国人大常委会于2002年颁布施行，于2014年进行了修改，它是我国第一部全面规范安全生产的专门法律，是我国安全生产的主体法。

如果说2002年版《安全生产法》是中国安全生产立法史上的第一座里程碑，那么2014年修改施行的《安全生产法》，以党中央倡导"发展决不能以牺牲人的生命为代价"的安全生产治理理念为核心,强化了以人为本、安全发展理念,突出了预防为主、综合治理原则,从加强预防、强化安全生产主体责任、加强隐患排查、完善监管、加大违法惩处力度等方面,进一步明确了企业和政府两个主体的责任,增强了法律的可操作性,则应当誉为是中国安全生产立法史上的第二座里程碑。《安全生产法》着眼于解决安全生产现实问题和发展要求,主要内容有:

（1）明确了安全生产工作应当以人为本、安全发展。

（2）明确了"安全第一、预防为主、综合治理"的安全生产方针。

（3）明确了"生产经营单位负责、职工参与、政府监管、行业自律、社会监督"的工作机制。

（4）按照安全生产"管行业必须管安全、管业务必须管安全、管生产经营必须管安全"的要求,一是规定国务院和县级以上地方人民政府应当建立健全安全生产工作协调机制,及时协调、解决安全生产监督管理中的重大问题。二是明确各级政府安全生产监督管理部门实施综合监督管理,有关部门在各自职责范围内对有关"行业、领域"的安全生产工作实施监督管理。三是明确各级安全生产监督管理部门和其他负有安全生产监督管理职责的部门作为行政执法部门,特别是强化乡镇人民政府以及街道办事处、开发区管理机构安全生产职责。各级政府和部门必须依法开展安全生产行政执法工作,对生产经营单位执行法律、法规、国家标准或者行业标准的情况进行监督检查。

（5）确定了安全生产的基本法律制度,主要包括安全生产监督管理制度、生产经营单位安全保障制度、从业人员安全生产权利义务制度、生产经营单位负责人安全责任制度、安全中介服务制度、安全生产责任追究制度以及事故应急救援和调查处理制度、严重危及生产安全的工艺和设备淘汰制度、生产安全事故隐患排查治理制度等。

（6）明确了对安全生产负有责任的各方主体,包括以下四个负有责任的主体：监管部门、生产经营单位、中介机构和从业人员。

（7）明确生产经营单位安全生产管理机构、人员的设置、配备标准和工作职责。一是明确建筑施工企业应当设置安全生产管理机构或者配备专职安全生产管理人员,将设置专门机构或者配备专职人员的从业人员下限由300人调整为100人。二是规定了安全生产管理机构以及管理人员的7项职责,主要包括拟定本单位安全生产规章制度、操作规程、应急救援预案,组织宣传贯彻安全生产法律、法规；组织安全生产教育和培训,制止和纠正违章指挥、强令冒险作业、违反操作规程的行为,督促落实本单位安全生产整改措施等。三是明确生产经营单位作出涉及安全生产的经营决策,应当听取安全生产管理机构以及安全生产管理人员的意见。

（8）明确了从业人员的权利和义务：

1）明确了从业人员的八种权利：知情权；建议权；批评权和检举、控告权；拒绝权；紧急避险权；要求赔偿的权利；获得劳动防护用品的权利；获得安全生产教育和培训的权利。

2）明确了从业人员的三项义务：自律遵规的义务、自觉学习安全生产知识的义务和危险报告义务。

3）规定生产经营单位应当将被派遣劳动者纳入本单位从业人员统一管理，对被派遣劳动者进行岗位安全操作规程和安全操作技能的教育和培训。劳务派遣单位应当对被派遣劳动者进行必要的安全生产教育和培训。

（9）建立事故隐患排查治理制度，把加强事前预防、强化隐患排查治理作为一项重要内容：一是生产经营单位必须建立事故隐患排查治理制度，采取技术、管理措施消除事故隐患。二是政府有关部门要建立健全重大事故隐患治理督办制度，督促生产经营单位消除重大事故隐患。三是对未建立隐患排查治理制度、未采取有效措施消除事故隐患的行为，设定了严格的行政处罚。

（10）推进安全生产标准化建设。明确生产经营单位应当推进安全生产标准化工作，提高本质安全生产水平。

（11）推行注册安全工程师制度，并从两个方面加以推进：一是危险物品的生产、储存单位以及矿山、金属冶炼单位应当有注册安全工程师从事安全生产管理工作，鼓励其他单位聘用注册安全工程师。二是建立注册安全工程师按专业分类管理制度，授权国务院人力资源和社会保障部门、安全生产监督管理等部门制定具体实施办法。

（12）推进安全生产责任保险，国家鼓励生产经营单位投保安全生产责任保险，是为了发挥保险机构作用，增加事故应急救援和事故受害人的赔偿补偿资金来源。

（13）建立分类分级监管和年度监督检查计划制度，作为安全监管部门的法定执法方式，明确规定：安全生产监督管理部门应当按照分类分级监督管理的要求，制定安全生产年度监督检查计划，并按照年度监督检查计划进行监督检查，发现事故隐患，应当及时处理。

（14）对存在重大事故隐患的生产经营单位作出停产停业、停止施工、停止使用的决定，生产经营单位拒不执行，有发生生产安全事故的现实危险的，在保证安全的前提下，经本部门主要负责人批准，负有安全生产监督管理职责的部门可以采取通知有关单位停止供电、停止供应民用爆炸物品等措施，强制生产经营单位履行决定。通知应当采用书面形式，有关单位应当予以配合。

（15）完善了事故应急救援制度，将生产安全事故应急救援工作的基本保障和实践中的有效做法上升为法律规定，一是明确国家加强生产安全事故应急能力建设，在重点行业、领域建立应急救援基地和应急救援队伍，鼓励社会力量建立应急救援队伍。二是国务院安全生产监督管理部门建立全国统一的生产安全事故应急救援信息系统，国务院有关部门建立健全相关行业、领域的生产安全事故应急救援信息系统。三是生产经营单位应当依法制定本单位生产安全事故应急救援预案，与有关人民政府组织制定的生产安全事故应急救援预案相衔接，并定期组织演练。四是参与事故抢救的部门和单位应当服从统一指挥，加强协同联动，采取有效的应急救援措施，并根据事故救援的需要组织采取警戒、疏散等措施，防止事故扩大和次生灾害的发生。

（16）加大对违法行为和事故责任的追究力度。一是规定了事故行政处罚和终身行业禁入。第一，按照两个责任主体、四个事故等级，规定了对生产经营单位及其主要负责人的8项罚款处罚明文。第二，大幅提高对事故责任单位的罚款金额：一般事故罚款20万元至50万元，较大事故50万元至100万元，重大事故100万元至500万元，特别重大事故500万元至1000万元；特别重大事故的情节特别严重的，罚款1000万元至2000万元。第三，进一步明确主要负责人对重大、特别重大事故负有责任的，终身不得担任本行业生产经营单位的主要负责人。（第91条、第92条、第109条）二是加大罚款处罚力度。结合各地区经济发展水平、企业规模等实际，新法维持罚款下限基本不变，将罚款上限提高了2至5倍，并且多数罚则不再将责令限期改正作为前置程序；增加了对直接负责的主管人员和其他直接责任人员的处罚规定。

（17）明确规定了安全生产的四种社会监督方式，即工会监督、社会舆论监督、公众举报监督和城乡基层组织监督。

（18）明确了政府安全生产监督检查人员权力和义务：

1）明确了政府安全生产监督检查人员的三项权力：现场调查取证权、现场处理权和查封、扣押行政强制措施权。

2）明确了政府安全生产监督检查人员的五项义务：审查、验收不得收取费用；禁止要求被审查、验收的单位购买其指定产品；必须遵循忠于职守、坚持原则、秉公执法的执法原则；监督检查时须出示有效的监督执法证件；对检查单位的技术秘密、业务秘密尽到保密义务。

2.3.2 《中华人民共和国建筑法》

《中华人民共和国建筑法》（简称《建筑法》）由全国人大常委会于1997年11月1日颁布，1998年3月1日施行，并于2011年4月进行了修订。

《建筑法》是我国第一部规范建筑活动的部门法，对影响建筑工程质量和安全的各方面因素作了较为全面的规范，从六个方面对建筑安全生产管理提出了要求：

（1）建立安全生产责任制度。安全生产责任制度是贯彻落实安全生产方针的具体体现，是建筑安全生产管理的基本制度。在建筑活动中，只有明确安全责任、分工负责，才能形成完整有效的安全管理体系，激发每个人的安全责任感，严格执行建筑工程安全的法律、法规和安全规程、技术规范，防患于未然，减少和杜绝建筑工程事故的发生，为建筑工程的生产创造一个安全的环境。

（2）建立健全群防群治制度。群防群治制度能够在建筑安全生产中充分发挥广大干部职工的积极性，加强群众性监督检查工作，从而预防和治理建筑生产中的伤亡事故。

（3）建立健全安全生产教育培训制度。通过各种形式对广大建筑干部职工进行安全教育培训，以提高其安全生产意识和防护技能。安全生产，人人有责，只有通过对广大职工进行安全教育培训，才能使广大职工真正认识到安全生产的重要性、必要性，使广大职工掌握更多的安全生产知识，牢固树立安全第一的思想，自觉遵守各项安全生产的规章制度。

（4）建立健全安全生产检查制度。建设管理主管部门或建筑施工企业应依法对安全生产状况进行定期或不定期检查，发现问题，查出隐患，从而采取有效措施，堵塞漏洞，把事故消灭在萌芽状态，做到防患于未然，是"预防为主"方针的具体体现。

（5）建立健全安全生产事故报告制度。施工中发生安全事故时，建筑企业应当采取紧急措施减少人员伤亡和事故损失，并按照国家有关规定及时向有关部门报告。

明确安全生产法律责任制度。在法律责任中明确规定施工企业没有履行安全生产职责及时消除安全隐患的，应承担相应的法律责任。

2011年4月22日全国人大常委会通过了修改《建筑法》，将第48条修改为："建筑施工企业应当依法为职工参加工伤保险缴纳工伤保险费。鼓励企业为从事危险作业的职工办理意外伤害保险，支付保险费。"

2.3.3 《中华人民共和国水法》

《中华人民共和国水法》由中华人民共和国第九届全国人民代表大会常务委员会第二十九次会议于2002年8月29日修订通过，自2002年10月1日起施行。2016年7月2日修订。

1. 总体要求

（1）立法目的。

第一条 为了合理开发、利用、节约和保护水资源，防治水害，实现水资源的可持续利用，适应国民经济和社会发展的需要，制定本法。

（2）适用范围。

第二条 在中华人民共和国领域内开发、利用、节约、保护、管理水资源，防治水害，适用本法。

本法所称水资源，包括地表水和地下水。

2. 主要规定

（1）水资源管理体制。

第十二条 国家对水资源实行流域管理与行政区域管理相结合的管理体制。

国务院水行政主管部门负责全国水资源的统一管理和监督工作。

国务院水行政主管部门在国家确定的重要江河、湖泊设立的流域管理机构（以下简称流域管理机构），在所管辖的范围内行使法律、行政法规规定的和国务院水行政主管部门授予的水资源管理和监督职责。

县级以上地方人民政府水行政主管部门按照规定的权限，负责本行政区域内水资源的统一管理和监督工作。

（2）饮用水水源保护区制度。

第三十三条 国家建立饮用水水源保护区制度。省、自治区、直辖市人民政府应当划定饮用水水源保护区，并采取措施，防止水源枯竭和水体污染，保证城乡居民饮用水安全。

第三十四条 禁止在饮用水水源保护区内设置排污口。

在江河、湖泊新建、改建或者扩大排污口，应当经过有管辖权的水行政主管部门或者流域管理机构同意，由环境保护行政主管部门负责对该建设项目的环境影响报告书进行审批。

（3）河道管理范围内建设工程规定。

第三十七条 禁止在江河、湖泊、水库、运河、渠道内弃置、堆放阻碍行洪的物体和种植阻碍行洪的林木及高秆作物。

禁止在河道管理范围内建设妨碍行洪的建筑物、构筑物以及从事影响河势稳定、危害河岸堤防安全和其他妨碍河道行洪的活动。

第三十八条 在河道管理范围内建设桥梁、码头和其他拦河、跨河、临河建筑物、构筑物，铺设跨河管道、电缆，应当符合国家规定的防洪标准和其他有关的技术要求，工程建设方案应当依照防洪法的有关规定报经有关水行政主管部门审查同意。

因建设前款工程设施，需要扩建、改建、拆除或者损坏原有水工程设施的，建设单位应当负担扩建、改建的费用和损失补偿。但是，原有工程设施属于违法工程的除外。

（4）河道采砂许可制度。

第三十九条 国家实行河道采砂许可制度。河道采砂许可制度实施办法，由国务院规定。

在河道管理范围内采砂，影响河势稳定或者危及堤防安全的，有关县级以上人民政府水行政主管部门应当划定禁采区和规定禁采期，并予以公告。

（5）水工程保护规定。

第四十一条 单位和个人有保护水工程的义务，不得侵占、毁坏堤防、护岸、防汛、水文监测、水文地质监测等工程设施。

第四十二条 县级以地方人民政府应当采取措施，保障本行政区域内水工程，特别是水坝和堤防的安全,限期消除险情。水行政主管部门应当加强对水工程安全的监督管理。

第四十三条 国家对水工程实施保护。国家所有的水工程应当按照国务院的规定划定工程管理和保护范围。

国务院水行政主管部门或者流域管理机构管理的水工程,由主管部门或者流域管理机构商有关省、自治区、直辖市人民政府划定工程管理和保护范围。

前款规定以外的其他水工程,应当按照省、自治区、直辖市人民政府的规定,划定工程保护范围和保护职责。

在水工程保护范围内,禁止从事影响水工程运行和危害水工程安全的爆破、打井、采石、取土等活动。

2.3.4 《环境保护法》

《环境保护法》由全国人大常委会于1989年12月26日颁布,1989年12月26日施行,于2014年进行了修改。

该法是为保护和改善环境,防治污染和其他公害,保障公众健康,推进生态文明建设,促进经济社会可持续发展制定的,有关污染防治的主要内容如下:

1) 建立环境保护责任制度。产生环境污染和其他公害的单位,必须把环境保护工作纳入计划,建立环境保护责任制度;采取有效措施,防治在生产建设或者其他活动中产生的废气、废水、废渣、粉尘、放射性物质以及噪声、振动、电磁波辐射等对环境的污染和危害。

2) 加大了惩治力度。企业事业单位和其他生产经营者违法排放污染物,受到罚款处罚,被责令改正,拒不改正的,依法作出处罚决定的行政机关可以自责令更改之日的次日起,按照原处罚数额按日连续处罚。

3) 建立生态保护区,严禁破坏。国家在重点生态功能区、生态环境敏感区和脆弱区等区域划定生态保护红线,实行严格保护。

2.3.5 《特种设备安全法》

《特种设备安全法》由全国人大会常委会于2013年6月29日颁布,自2014年1月1日起施行。

该法确立了企业承担安全主体责任、政府履行安全监管职责和社会发挥监督作用三位一体的特种设备安全工作新模式。通过强化企业主体责任,加大对违法行为的处罚力度,督促生产、经营、使用单位及其负责人树立安全意识,切实承担保障特种设备安全的责任。

《特种设备安全法》突出了特种设备生产、经营、使用单位的安全主体责任,明确规定：对生产环节，法律对特种设备的设计、制造、安装、改造、修理等活动规定了行政许可制度；对经营环节，法律禁止销售、出租未取得许可生产、未经检验和检验不合格的特种设备或者国家明令淘汰和已经报废的特种设备；对使用环节，法律要求所有特种设备必须向监管部门办理使用登记方可使用，使用单位要落实安全责任，对设备安全运行情况定期开展安全检查，进行经常性维护保养；一旦发现设备出现故障，应当立即停止运行，进行全面检查，消除事故隐患。

特种设备包括锅炉、压力容器、压力管道、电梯、起重机械、客运索道、大型游乐设施、场（厂）内专用机动车辆等。这些设备一般具有在高压、高温、高空、高速条件下运行的特点，易燃、易爆、易发生高空坠落等，对人身和财产安全有较大危险性。其中该法的附则中规定"房屋建筑工地、市政工程工地用起重机械和场（厂）内专用机动车辆的安装、使用的监督管理，由有关部门依照本法和其他有关法律的规定实施。'

特种设备的生产、经营和使用，涉及行政监管法律关系，在生产、经营、使用等交易活动中也形成民事法律关系。根据《立法法》的有关规定，民事基本制度要由专门法律来规定，行政法规无权对民事活动进行调整。《特种设备安全法》的实施，解决了处理特种设备事故造成的民事赔偿责任的法律依据不足的难题。该法高度重视对违法行为的处罚，对单位的违法行为处罚金额最高达到200万，对发生重大事故的当事人和责任人的处罚达到个人上年收入的30%～60%。

2.3.6 《中华人民共和国职业病防治法》

《中华人民共和国职业病防治法》（简称《职业病防治法》）2001年10月27日第九届全国人民代表大会常务委员会第二十四次会议通过，根据2011年12月31日第十一届全国人民代表大会常务委员会第二十四次会议《关于修改〈中华人民共和国职业病防治法〉的决定》第一次修正，根据2016年7月2日第十二届全国人民代表大会常务委员会第二十一次会议《关于修改〈中华人民共和国节约能源法〉等六部法律的决定》第二次修正，根据2017年11月4日第十二届全国人民代表大会常务委员会第三十次会议《关于修改〈中华人民共和国会计法〉等十一部法律的决定》第三次修正，自2017年11月5日起施行，根据2018年12月29日第十三届全国人民代表大会常务委员会第七次会议《关于修改＜中华人民共和国劳动法＞等七部法律的决定》第四次修正。

该法分为总则、前期预防、劳动过程中的防护与管理、职业病诊断与职业病病人保障、监督检查、法律责任、附则共7章。

1. 总体要求

（1）立法目的

为了预防、控制和消除职业病危害，防治职业病，保护劳动者健康及其相关权益，促进经济发展。

（2）适用范围

本法适用于中华人民共和国领域内的职业病防治活动。本法所称职业病，是指企业、事业单位和个体经济组织（以下统称用人单位）的劳动者在职业活动中，因接触粉尘、放射性物质和其他有毒、有害物质等因素而引起的疾病。职业病的分类和目录由国务院卫生行政部门会同国务院劳动保障行政部门规定、调整并公布。

（3）职业病危害定义

《职业病防治法》中的职业病危害是指对从事职业活动的劳动者可能导致职业病的各种危害。职业病危害因素包括：职业活动中存在的各种有害的化学、物理、生物因素以及在作业过程中产生的其他职业有害因素。

2. 主要规定

（1）用人单位在职业病防治方面的职责

1）用人单位应当为劳动者创造符合国家职业卫生标准和卫生要求的工作环境和条件，并采取措施保障劳动者获得职业卫生保护。

2）建立职业病防治责任制。该法第五条规定，用人单位应当建立、健全职业病防治责任制，加强对职业病的管理，提高职业病防治水平，对本单位产生的职业病承担责任。

3）参加工伤社会保险。该法第七条规定，用人单位必须依法参加工伤社会保险。

（2）进行职业病前期预防的规定

第十五条 产生职业病危害的用人单位的设立除应当符合法律、行政法规规定的设立条件外，其工作场所还应当符合以下职业卫生要求：

1）职业病危害因素的强度或浓度符合国家职业卫生标准；

2）有与职业病危害防护相适应的设施；

3）生产布局合理，符合有害与无害作业分开的原则；

4）有配套的更衣间、洗浴间、孕妇休息间等卫生设施；

5）设备、工具、用具等设施符合保护劳动者生理、心理健康的要求。

6）法律、行政法规和国务院卫生行政部门关于保护劳动者健康的其他要求。

（3）建设项目职业病危害预评价的规定

第十七条 新建、扩建、改建建设项目和技术改造、技术引进项目（以下统称建设项目）可能产生职业病危害的，建设单位在可行性论证阶段应当向负责工作场所职业卫生监督管理部门提交职业病危害预评价报告。负责工作场所职业卫生监督管理的部门应当自收到职业训作了病危害预评价报告之日起三十日内，作出审核决定并书面通知建设单位。未提交预评价报告或者预评价报告未经负责工作场所职业卫生监督管理的部门审核同意的，有关部门不得批准该建设项目。建设项目职业病危害分类管理办法由国务院卫生行政部门制定。

（4）职业病危害防护设施的规定

第十八条 建设项目的职业病防护设施所需费用应当纳入建设项目工程预算，并与主体工程同时设计，同时施工，同时投入生产和使用。

建设项目的职业病防护设施的设计应当符合国家职业标准和卫生要求；其中，医疗机构放射行职业病危害严重的建设项目应当经卫生行政部门审查同意后，方可施工。

建设项目在竣工验收前，建设单位应当进行职业病危害控制效果评价。

医疗机构可能产生放射性职业病危害的建设项目竣工收时，其放射性职业病防护设施经卫生行政部门验收合格后，方可投入使用；其他建设项目的职业病防护设施应当由建设单位负责依法组织验收，验收合格后，方可投入生产和使用。卫生行政部门应当加强对建设单位组织的验收活动和验收结果的监督核查。

（5）采取职业病防治管理措施的规定

第二十条 用人单位应当采取下列职业病防治管理措施：

1）设置或指定职业卫生管理机构或者组织，配备专职或者兼职的职业卫生专业人员，负责本单位的职业病防止管理工作；

2）制定职业病防治计划和实施方案；

3）建立、健全职业卫生管理制度和操作规程；

4）建立、健全职业卫生档案和劳动者健康监护档案；

5）建立、健全工作场所职业病危害因素监测及评价制度；

6）建立、健全职业病危害事故应急救援预案。

（6）提供职业病防护用品的规定

第二十二条 用人单位必须采取有效的职业病防护设施，并为劳动者提供个人使用的职业病防护用品。

用人单位为劳动者个人提供的职业病防护用品必须符合防治职业病的要求；不符合要求的，不得使用。

（7）配置职业病防护设备、应急设施的规定

第二十五条 对可能发生急性职业病损伤的有毒、有害工作场所，用人单位应当设置报警装置，配置现场急救用品、冲洗设备、应急撤离通道和必要的泄险区。对放射工作场所和放射性同位素的运输、贮存，用人单位必须配置防护设备和报警装置，保证接触放射线的工作人员佩戴个人剂量计。

对职业病防护设备、应急救援设施和个人使用的职业病防护用品，用人单位应当进行经常性的维护、检修，定期检测其性能和效果，确保其处于正常状态，不得擅自拆除或者停止使用。

（8）进行培训和遵守操作规程的规定

《职业病防治法》对用人单位应当对劳动者进行岗前、定期职业卫生培训作了规

定,同时也对劳动者应学习掌握职业病相关知识,遵守职业病防治法律法规及规章制度等作了规定。

第三十四条 用人单位的负责人应当接受职业卫生培训,遵守职业病防治法律、法规,依法组织本单位的职业病防治工作。

用人单位应当对劳动者进行上岗前的职业卫生培训和在岗期间的定期职业卫生培训,普及职业卫生知识,督促劳动者遵守职业病防治法律、法规、规章和操作规程,指导劳动者正确使用职业病防护设备和个人使用的职业病防护用品。

劳动者应当学习和掌握相关的职业卫生知识,遵守职业病防治法律、法规、规章和操作规程,正确使用、维护职业病防护设备和个人使用的职业病防护用品,发现职业病危害事故隐患应当及时报告。

劳动者不履行前款规定义务的,用人单位应当对其进行教育。

劳动者职业卫生保护的规定

第三十九条 劳动者享有下列职业卫生保护权利:

1) 获得职业卫生教育、培训;
2) 获得职业健康检查、职业病诊疗、康复等职业病防治服务;
3) 了解工作场所产生或者可能产生的职业病危害因素、危害后果和应当采取的职业病防护措施;
4) 要求用人单位提供符合防治职业病要求的职业病防护设施和个人使用的职业病防护用品,改善劳动条件;
5) 对违反职业病防治法律、法规以及危及生命健康的行为提出批评、检举和控告;
6) 拒绝违章指挥和强令进行没有职业病防护措施的作业;
7) 参与用人单位职业卫生工作的民主管理,对职业病防治工作提出意见和建议。

用人单位应当保障劳动者行使前款所列权利。因劳动者依法行使正当权利而降低其工资、福利等待遇或者解除、终止与其订立的劳动合同的,其行为无效。

2.3.7 其他法律中有关水利水电工程建设安全生产的主要内容

1.《中华人民共和国宪法》

《中华人民共和国宪法》(以下简称《宪法》)总纲中的第1条明确指出:"中华人民共和国是工人阶级领导的,以工农联盟为基础的人民民主专政的社会主义国家。"这一规定就决定了我国的社会主义制度是保护以工人、农民为主体的劳动者的。

《宪法》第42条规定:"中华人民共和国公民有劳动的权利和义务。国家通过各种途径,创造劳动就业条件,加强劳动保护,改善劳动条件,并在发展生产的基础上,提高劳动报酬和福利待遇。国家对就业前的公民进行必要的劳动就业训练。"宪法的这一规定，是生产经营单位安全生产与劳动者安全与健康各项法规和各项工作的总的原则，总的指导思想和总的要求。我国各级政府管理部门，各类企事业单位机构，都要按照这一规定，确立"安全第一，预防为主，综合治理"的思想，积极采取组织管理措施和安全技术保障措施，不断改善劳动条件，加强安全生产工作，切实保护从业人员的安全和健康。

《宪法》第43条规定："中华人民共和国劳动者休息的权利。国家发展劳动者休息和休养的设施，规定职工的工作时间和休假制度。"这一规定的作用和意义有两个方面：一是劳动者的休息权利不容侵犯；二是通过建立劳动者的工作时间和休息休假制度，既保证劳动者的工作时间，又保证劳动者的休息时间和休假时间，注意劳逸结合，禁止随意加班加点，以保持劳动者有充沛的精力进行劳动和工作，防止因疲劳过度而发生伤亡事故或造成积劳成疾，防止职业病。尤其在生产不均衡状态下，生产经营单位领导在安排加班时要引起高度重视。因为生产任务紧，需要安排加班加点，如果不注意从业人员的体力恢复，不注重科学合理安排加班，忽视安全，很容易发生事故。生产高峰需要加班之时，通常也是企业安全隐患事故易发高发的时期，一旦发生事故，不仅造成财产损失和人员伤亡，想通过加班加点追求高效益的目标也无法实现。

2.《民法通则》

《民法通则》是中国对民事活动中一些共同性问题所作的法律规定，是民法体系中的一般法。《民法通则》规定了9种特殊侵权民事责任，其中有6种属于安全事故民事责任范畴。

第123条规定："从事高温、高压、易燃、易爆、剧毒、放射性、高速运输工具等对周围环境有高度危险的作业造成他人损害的，应当承担民事责任。如果能够证明损害是由受害人故意造成的，不承担民事责任。"从事对周围环境具有高度危险性的作业造成他人损害，其经营人应承担民事责任。

第125条规定："在公共场所、道旁或者通道上挖坑、修缮安装地下设施等，没有设置明显标志和采取安全措施造成他人损害的，施工人应当承担民事责任。"因此，在公共场所施工造成损害的应当承担民事责任。这一规定是为了保障公众在经常聚集、活动和通行地点的人身和财产安全，加强施工人员履行相当的注意义务，使人们免受因施工形成的危险因素（坑、沟、障碍物等）的损害。

3.《中华人民共和国刑法》

《中华人民共和国刑法》对以下有关违反建筑安全生产规定的行为进行处罚，主要有：

第134条规定：在生产、作业中违反有关安全管理的规定，因而发生重大伤亡事故或者造成其他严重后果的，处三年以下有期徒刑或者拘役；情节特别恶劣的，处三年以上七年以下有期徒刑。

强令他人违章冒险作业,因而发生重大伤亡事故或者造成其他严重后果的,处五年以下有期徒刑或者拘役;情节特别恶劣的,处五年以上有期徒刑。

第135条规定:安全生产设施或者安全生产条件不符合国家规定,因而发生重大伤亡事故或者造成其他严重后果的,对直接负责的主管人员和其他直接责任人员,处三年以下有期徒刑或者拘役;情节特别恶劣的,处三年以上七年以下有期徒刑。

第136条规定:违反爆炸性、易燃性、放射性、毒害性、腐蚀性物品的管理规定,在生产、储存、运输、使用中发生重大事故,造成严重后果的,处三年以下有期徒刑或者拘役;后果特别严重的,处三年以上七年以下有期徒刑。

第137条规定:建设单位、设计单位、施工单位、工程监理单位违反国家规定,降低工程质量标准,造成重大安全事故的,对直接责任人员,处五年以下有期徒刑或者拘役,并处罚金;后果特别严重的,处五年以上十年以下有期徒刑,并处罚金。

第139条规定:违反消防管理法规,经消防监督机构通知采取改正措施而拒绝执行,造成严重后果的,对直接责任人员,处三年以下有期徒刑或者拘役;后果特别严重的,处三年以上七年以下有期徒刑。

在安全事故发生后,负有报告职责的人员不报或者谎报事故情况,贻误事故抢救,情节严重的,处三年以下有期徒刑或者拘役;情节特别严重的,处三年以上七年以下有期徒刑。

另外,根据1990年最高人民检察院发布的《人民检察院直接受理的侵犯公民民主权利、人身权利和渎职案件立案标准的规定》,对从业人员,由于不服从管理,违反规章制度,或者强令工人违章冒险作业,因而发生重大伤亡事故或者造成重大经济损失,具有下列行为之一的,立案调查追究刑事责任:

(1) 致人死亡1人以上,或者致人重伤3人以上;

(2) 造成直接经济损失5万元以上的;

(3) 经济损失虽不足规定数额,但情节严重,使生产、工作受到重大损害的。

国家工作人员由于玩忽职守,致使公共财产、国家和人民利益遭受重大损失,具有下列行为之一的,立案调查追究刑事责任:

(1) 由于玩忽职守,造成死亡1人以上,或者重伤3人以上的;

(2) 由于玩忽职守,造成直接经济损失5万元以上的;

(3) 玩忽职守造成经济损失虽不足规定数额,但情节恶劣,使工作、生产受到重大损害的;

(4) 由于玩忽职守,造成严重政治影响的。

4.《劳动法》

《劳动法》由全国人大常委会于1994年7月5日通过,自1995年1月1日起施行,2009年第18号修订,2018年12月29日,第十三届全国人民代表大会常务委员会第七次会议通过对《中华人民共和国劳动法》作出修改。

该法对用人单位、劳动者的权利和义务等方面进行了规范：

（1）用人单位必须建立健全劳动安全卫生制度，严格执行国家劳动安全卫生规程和标准，对劳动者进行劳动安全卫生教育，防止劳动过程中的事故，减少职业危害。

（2）必须为劳动者提供符合国家规定的劳动安全卫生条件和必要的劳动防护用品，对从事有职业危害作业的劳动者应当定期进行健康检查。

（3）从事特种作业的劳动者必须经过专门培训并取得特种作业资格。

（4）劳动者在劳动过程中必须严格遵守安全操作规程。劳动者对用人单位管理人员违章指挥、强令冒险作业，有权拒绝执行；对危害生命安全和身体健康的行为，有权提出批评、检举和控告。

5.《中华人民共和国劳动合同法》

《中华人民共和国劳动合同法》由全国人大常委会于 2007 年 6 月 29 日通过，自 2008 年 1 月 1 日起施行。2012 年 12 月 28 日第十一届全国人民代表大会常务委员会第三十次会议《关于修改〈中华人民共和国劳动合同法〉的决定》修正，自 2013 年 7 月 1 日起施行。

《劳动合同法》从多个角度保护劳动者的人身和财产安全，为劳动者合法利益的保护提供更为具体的依据。该法规定：

（1）劳动者拒绝用人单位管理人员违章指挥、强令冒险作业的，不视为违反劳动合同。

用人单位以暴力、威胁或者非法限制人身自由的手段强迫劳动者劳动的，或者用人单位违章指挥、强令冒险作业危及劳动者人身安全的，劳动者可以立即解除劳动合同，不需事先告知用人单位。

（2）劳动者对危害生命安全和身体健康的劳动条件，有权对用人单位提出批评、检举和控告。

（3）用人单位有下列情形之一的，劳动者可以解除劳动合同：

1）未按照劳动合同约定提供劳动保护或者劳动条件的；

2）未及时足额支付劳动报酬的；

3）未依法为劳动者缴纳社会保险费的；

4）用人单位的规章制度违反法律、法规的规定，损害劳动者权益的；

5）以欺诈、胁迫的手段或者乘人之危，使对方在违背真实意思的情况下订立或者变更劳动合同的；

6）法律、行政法规规定劳动者可以解除劳动合同的其他情形。

6.《消防法》

《消防法》由全国人大常委会于 2008 年 10 月 28 日修订通过，自 2009 年 5 月 1 日起施行。

该法从消防设计、审核、建筑构件和建筑材料的防火性能、消防设施的日常管理到工程建设各方主体应履行的消防责任和义务逐一进行了规范。该法规定：

（1）建设工程的消防设计、施工必须符合国家工程建设消防技术标准。建设、设计、施工、工程监理等单位依法对建设工程的消防设计、施工质量负责。

依法应当经公安机关消防机构进行消防设计审核的建设工程，未经依法审核或者审核不合格的，负责审批该工程施工许可的部门不得给予施工许可，建设单位、施工单位不得施工；其他建设工程取得施工许可后经依法抽查不合格的，应当停止施工。

（2）建筑构件和建筑材料的防火性能必须符合国家标准或行业标准。公共场所室内装修、装饰根据国家工程建筑消防技术标准的规定，应当使用不燃、难燃材料的，必须选用依照产品质量法的规定确定的检验机构检验合格的材料。

（3）机关、团体、企业、事业等单位应当履行下列消防安全职责：

1）落实消防安全责任制，制定本单位的消防安全制度、消防安全操作规程，制定灭火和应急疏散预案；

2）按照国家标准、行业标准配置消防设施、器材，设置消防安全标志，并定期组织检验、维修，确保完好有效；

3）对建筑消防设施每年至少进行一次全面检测，确保完好有效，检测记录应当完整准确，存档备查；

4）保障疏散通道、安全出口、消防车通道畅通，保证防火防烟分区、防火间距符合消防技术标准；

5）组织防火检查，及时消除火灾隐患；

6）组织进行有针对性的消防演练；

7）法律、法规规定的其他消防安全职责。

单位的主要负责人是本单位的消防安全责任人。

（4）禁止在具有火灾、爆炸危险的场所吸烟、使用明火。因施工等特殊情况需要使用明火作业的，应当按照规定事先办理审批手续，采取相应的消防安全措施；作业人员应当遵守消防安全规定。

（5）作业人员应当遵守消防安全规定，并采取相应的消防安全措施。进行电焊、气焊等具有火灾危险的作业的人员和自动消防系统的操作人员，必须持证上岗，并严格遵守消防安全操作规程。

（6）同一建筑物由两个以上单位管理或者使用的，应当明确各方的消防安全责任，并确定责任人对共用的疏散通道、安全出口、建筑消防设施和消防车通道进行统一管理。

7.《环境噪声污染防治法》

《环境噪声污染防治法》由全国人大常委会于1996年10月29日通过，自1997年

3月1日起施行，2018年12月29日，第十三届全国人民代表大会常务委员会第七次会议通过对《中华人民共和国环境噪声污染防治法》作出修改。

该法第4章"建筑施工噪声污染防治"规定了施工单位的防治噪声污染的责任：

（1）在城市市区范围内向周围生活环境排放建筑施工噪声的，应当符合国家规定的建筑施工场界环境噪声排放标准。

（2）在城市市区范围内，建筑施工过程中使用机械设备，可能产生环境噪声污染的，施工单位必须在工程开工十五日以前向工程所在地县级以上地方人民政府生态环境主管部门申报该工程的项目名称、施工场所和期限、可能产生的环境噪声值以及所采取的环境噪声污染防治措施的情况。

（3）在城市市区噪声敏感建筑物集中区域内，禁止夜间进行产生环境噪声污染的建筑施工作业，但抢修、抢险作业和因生产工艺上要求或者特殊需要必须连续作业的除外。

因特殊需要必须连续作业的，必须有县级以上人民政府或者其有关主管部门的证明。

前款规定的夜间作业，必须公告附近居民。

8.《固体废物污染环境防治法》

《固体废物污染环境防治法》1995年10月30日第八届全国人民代表大会常务委员会第十六次会议通过，2004年12月29日第十届全国人民代表大会常务委员会第十三次会议修订，2013年6月29日第十二届全国人民代表大会常务委员会第三次会议《关于修改〈中华人民共和国文物保护法〉等十二部法律的决定》修正，2015年4月24日第十二届全国人民代表大会常务委员会第十四次会议通过全国人民代表大会常务委员会《关于修改＜中华人民共和国港口法＞等七部法律的决定》修订。

该法规定：收集、贮存、运输、利用、处置固体废物的单位和个人，必须采取防扬散、防流失、防渗漏或者其他防止污染环境的措施；不得擅自倾倒、堆放、丢弃、遗撒固体废物。

工程施工单位应当及时清运工程施工过程中产生的固体废物，并按照环境卫生行政主管部门的规定进行利用或者处置。

9.《大气污染防治法》

《大气污染防治法》由中华人民共和国第十二届全国人民代表大会常务委员会第十六次会议于2015年8月29日修订通过，自2016年1月1日起施行。

该法规定：在城市市区进行建设施工或者从事其他产生扬尘污染活动的单位，必须按照当地环境保护的规定，采取防治扬尘污染的措施。

10.《突发事件应对法》

《突发事件应对法》由全国人大常委会于2007年8月30日通过，自2007年11月

1日起施行。

为了预防和减少突发事件的发生，控制、减轻和消除突发事件引起的严重社会危害，规范突发事件应对活动，保护人民生命财产安全，维护国家安全、公共安全、环境安全和社会秩序，该法对应对原则、管理制度和具体措施做出了规定。该法规定：

（1）突发事件，是指突然发生，造成或者可能造成严重社会危害，需要采取应急处置措施予以应对的自然灾害、事故灾难、公共卫生事件和社会安全事件。按照社会危害程度、影响范围等因素，自然灾害、事故灾难、公共卫生事件分为特别重大、重大、较大和一般4级。法律、行政法规或者国务院另有规定的，从其规定。

（2）突发事件应对工作实行预防为主、预防与应急相结合的原则。国家建立重大突发事件风险评估体系，对可能发生的突发事件进行综合性评估，减少重大突发事件的发生，最大限度地减轻重大突发事件的影响。

（3）所有单位应当建立健全安全管理制度，定期检查本单位各项安全防范措施的落实情况，及时消除事故隐患；掌握并及时处理本单位存在的可能引发社会安全事件的问题，防止矛盾激化和事态扩大；对本单位可能发生的突发事件和采取安全防范措施的情况，应当按照规定及时向所在地人民政府或者人民政府有关部门报告。

（4）矿山、建筑施工单位和易燃易爆物品、危险化学品、放射性物品等危险物品的生产、经营、储运、使用单位，应当制定具体应急预案，并对生产经营场所、有危险物品的建筑物、构筑物及周边环境开展隐患排查，及时采取措施消除隐患，防止发生突发事件。

2.4 水利水电工程建设相关安全生产行政法规

行政法规是由国务院根据宪法和法律制定并批准发布的。在行政法规层面上，《建设工程安全生产管理条例》是主要的行政法规，涉及水利工程建设安全生产的行政法规有《安全生产许可证条例》《生产安全事故报告和调查处理条例》和《工伤保险条例》等。

2.4.1 《建设工程安全生产管理条例》

《建设工程安全生产管理条例》由国务院2003年11月12日通过，自2004年2月1日起施行。

《建设工程安全生产管理条例》是我国第一部有关建筑安全生产管理的行政法规，是《建筑法》《安全生产法》等法律在建设领域的具体实施。该条例的主要内容有：

（1）制定条例的目的是为了加强建设工程安全生产监督管理，保障人民群众生命和财产安全。

(2) 条例的调整范围是从事建设工程的新建、扩建、改建和拆除等有关活动和实施对建设工程安全生产监督管理活动的主体。

(3) 明确了建设工程的安全生产方针。

(4) 建设工程安全生产责任主体包括建设单位、勘察单位、设计单位、施工单位、工程监理单位以及设备材料供应单位、机械设备租赁单位、起重设备检测单位、起重机械和整体提升脚手架及模板等自升式架设设施的安装和拆卸单位等与建设工程安全生产有关的单位。

(5) 建设工程安全生产各方责任主体的安全生产责任有:

1) 建设单位的安全生产责任:

① 在工程概算中确定并提供安全作业环境和安全施工措施费用;

② 不得要求勘察、设计、监理、施工企业违反国家法律法规和强制性标准规定,不得任意压缩合同约定的工期;

③ 有义务向施工单位提供工程所需的有关资料,有责任将安全施工措施报送有关主管部门备案;

④ 应当将拆除工程发包给有施工资质的单位。

2) 工程监理单位的安全生产责任:

① 审查施工组织设计中的安全技术措施或专项施工方案是否符合工程建设强制性标准;

② 发现存在安全事故隐患时应当要求施工单位整改或暂停施工并报告建设单位;

③ 按照法律、法规和工程建设强制性标准实施监理;

④ 对建设工程安全生产承担监理责任。

3) 施工单位的安全责任:

① 明确了施工单位主要负责人、技术负责人、项目负责人、专职安全生产管理人员和作业人员安全生产责任;

② 明确了施工总承包和分包单位的安全生产责任;

③ 规定了施工单位必须建立企业安全生产管理机构和配备专职安全管理人员;

④ 规定施工单位应当在施工前向作业班组和人员作出安全施工技术要求的详细说明;

⑤ 规定了施工单位应当对因施工可能造成损害的毗邻建筑物、构筑物和地下管线采取专项防护措施;

⑥ 规定了施工单位应当向作业人员提供安全防护用具和安全防护服装并书面告知危险岗位操作规程;

⑦ 对施工现场安全警示标志使用、作业和生活环境标准等作出了规定。

(6) 对政府部门、企业及相关人员的建设工程安全生产和管理行为进行了全面规范,确立了13项主要制度:

1) 办理安全生产监督手续制度。建设单位在申请领取施工许可证时,应当向建设行政主管部门提供建设工程有关安全施工措施的资料;依法批准开工报告的建设工程,应当自开工报告批准之日起 15 日内报送。

2) "三类人员"考核任职制度。施工单位的主要负责人、项目负责人、专职安全生产管理人员应当经建设行政主管部门或者其他有关部门考核合格后方可任职。

3) 特种作业人员持证上岗制度。垂直运输机械作业人员、起重机械安装拆卸工、爆破作业人员、起重信号工、登高架设作业人员等特种作业人员,必须按照国家有关规定经过专门的安全作业培训,并取得特种作业操作资格证书后,方可上岗作业。

4) 施工起重机械使用登记制度。施工单位应当自施工起重机械和整体提升脚手架、模板等自升式架设设施验收合格之日起 30 日内,向建设行政主管部门或者其他有关部门登记。

5) 政府安全监督检查制度。建设行政主管部门在履行安全监督检查职责时,有权纠正施工中违反安全生产要求的行为,责令立即排除检查中发现的安全事故隐患,对重大隐患可以责令暂时停止施工。

6) 危及施工安全工艺、设备、材料淘汰制度。国家对严重危及施工安全的工艺、设备、材料实行淘汰制度。

7) 生产安全事故报告制度。施工单位发生生产安全事故,要及时、如实向当地安全生产监督部门和建设行政管理部门报告。实行总承包的由总包单位负责上报。

8) 企业安全生产责任制度。通过制定安全生产责任制,建立一种分工明确、运行有效、责任落实,能够充分发挥作用的、长效的安全生产机制,把安全生产工作落到实处。

9) 企业安全生产教育培训制度。施工单位应当建立健全安全生产教育培训制度,加强对职工安全生产的教育培训管理,从资金、人力、物力和时间等方面给予保障,确保安全教育培训质量和覆盖面。

10) 专项施工方案审查与专家论证制度:

① 专项施工方案审查制度。施工单位应当在施工组织设计中编制安全技术措施,对达到一定规模的危险性较大的分部分项工程编制专项施工方案,经施工单位技术负责人、总监理工程师签字后实施,由专职安全生产管理人员进行现场监督执行。

② 专家论证审查制度。施工单位应当对达到一定规模、超过一定危险程度的分部分项工程的专项施工方案,组织专家进行论证、审查。

11) 施工现场消防安全责任制度。施工单位应当在施工现场建立消防制度,确定消防安全责任人,设置消防设施和配备灭火器材。

12) 意外伤害保险制度。施工单位应当为施工现场从事危险作业的人员办理意外伤害保险,支付保险费用。实行施工总承包的,由总承包单位支付意外伤害保险费。

根据现行《建筑法》的规定，目前施行鼓励参保制度。

13) 生产安全事故应急救援制度。施工单位应当制订本单位生产安全事故应急救援预案，建立应急救援组织或者配备应急救援人员，配备必要的应急救援器材、设备，并定期组织演练。

2.4.2 《安全生产许可证条例》

《安全生产许可证条例》由国务院于2004年1月7日通过，自2004年1月13日公布之日起施行。2014年7月29日进行修订。其立法目的是为了严格规范安全生产条件，进一步加强安全生产监督管理，防止和减少生产安全事故。相关内容包括：

（1）国家对矿山企业、建筑施工企业和危险化学品、烟花爆竹、民用爆破器材生产企业（以下统称企业）实行安全生产许可制度。企业未取得安全生产许可证的，不得从事生产活动。

（2）国务院安全生产监督管理部门负责中央管理的非煤矿矿山企业和危险化学品、烟花爆竹生产企业安全生产许可证的颁发和管理。

省、自治区、直辖市人民政府安全生产监督管理部门负责前款规定以外的非煤矿矿山企业和危险化学品、烟花爆竹生产企业安全生产许可证的颁发和管理，并接受国务院安全生产监督管理部门的指导和监督。

（3）企业取得安全生产许可证，应当具备下列安全生产条件：

1) 建立、健全安全生产责任制，制定完备的安全生产规章制度和操作规程；
2) 安全投入符合安全生产要求；
3) 设置安全生产管理机构，配备专职安全生产管理人员；
4) 主要负责人和安全生产管理人员经考核合格；
5) 特种作业人员经有关业务主管部门考核合格，取得特种作业操作资格证书；
6) 从业人员经安全生产教育和培训合格；
7) 依法参加工伤保险，为从业人员缴纳保险费；
8) 厂房、作业场所和安全设施、设备、工艺符合有关安全生产法律、法规、标准和规程的要求；
9) 有职业危害防治措施，并为从业人员配备符合国家标准或者行业标准的劳动防护用品；
10) 依法进行安全评价；
11) 有重大危险源检测、评估、监控措施和应急预案；
12) 有生产安全事故应急救援预案、应急救援组织或者应急救援人员，配备必要的应急救援器材、设备；
13) 法律、法规规定的其他条件。

（4）安全生产许可证由国务院安全生产监督管理部门规定统一的式样。

（5）安全生产许可证的有效期为3年。安全生产许可证有效期满需要延期的，企业应当于期满前3个月向原安全生产许可证颁发管理机关办理延期手续。

企业在安全生产许可证有效期内，严格遵守有关安全生产的法律法规，未发生死亡事故的，安全生产许可证有效期届满时，经原安全生产许可证颁发管理机关同意，不再审查，安全生产许可证有效期延期3年。

企业不得转让、冒用安全生产许可证或者使用伪造的安全生产许可证。

企业取得安全生产许可证后，不得降低安全生产条件，并应当加强日常安全生产管理，接受安全生产许可证颁发管理机关的监督检查。安全生产许可证颁发管理机关应当加强对取得安全生产许可证的企业的监督检查，发现其不再具备本条例规定的安全生产条件的，应当暂扣或者吊销安全生产许可证。

条违反本条例规定，未取得安全生产许可证擅自进行生产的，责令停止生产，没收违法所得，并处10万元以上50万元以下的罚款；造成重大事故或者其他严重后果，构成犯罪的，依法追究刑事责任。

2.4.3 《生产安全事故报告和调查处理条例》

《生产安全事故报告和调查处理条例》由国务院于2007年3月28日通过，自2007年6月1日起施行。

条例就事故报告、调查和处理等三个方面做了明确规定：

（1）事故报告：事故发生后，事故现场有关人员应当立即向本单位负责人报告；单位负责人接到报告后，应当于1小时内向事故发生地县级以上人民政府安全生产监督管理部门和负有安全生产监督管理职责的有关部门报告。

事故报告应当及时、准确、完整，任何单位和个人对事故不得迟报、漏报、谎报或者瞒报。任何单位和个人不得阻挠和干涉对事故的报告和依法调查处理。

（2）事故调查：事故调查组由有关人民政府、安全生产监督管理部门、负有安全生产监督管理职责的有关部门、监察机关、公安机关以及工会派人组成，并应当邀请人民检察院派人参加。事故调查组有权向有关单位和个人了解与事故有关的情况，并要求其提供相关文件、资料，有关单位和个人不得拒绝。

（3）事故处理：有关机关应当按照人民政府的批复，依照法律、行政法规规定的权限和程序，对事故发生单位和有关人员进行行政处罚，对负有事故责任的国家工作人员进行处分。

2.4.4 《工伤保险条例》

《工伤保险条例》由国务院于2003年4月16日通过，并于2010年12月8日进行了修改，修改后自 2011 年 1 月 1 日起施行。条例主要包括的内容有：

（1）工伤认定

职工有下列情形之一的，应当认定为工伤：

1）在工作时间和工作场所内，因工作原因受到事故伤害的；

2）工作时间前后在工作场所内，从事与工作有关的预备性或者收尾性工作受到事故伤害的；

3）在工作时间和工作场所内，因履行工作职责受到暴力等意外伤害的；

4）患职业病的；

5）因工外出期间，由于工作原因受到伤害或者发生事故下落不明的；

6）在上下班途中，受到非本人主要责任的交通事故或者城市轨道交通、客运轮渡、火车事故伤害的；

7）法律、行政法规规定应当认定为工伤的其他情形。

（2）工伤保险待遇

1）职工因工作遭受事故伤害或者患职业病进行治疗，享受工伤医疗待遇。职工治疗工伤应当在签订服务协议的医疗机构就医，情况紧急时可以先到就近的医疗机构急救。

2）治疗工伤所需费用符合工伤保险诊疗项目目录、工伤保险药品目录、工伤保险住院服务标准的，从工伤保险基金支付。工伤保险诊疗项目目录、工伤保险药品目录、工伤保险住院服务标准，由国务院社会保险行政部门会同国务院卫生行政部门、食品药品监督管理部门等部门规定。

3）职工住院治疗工伤的伙食补助费，以及经医疗机构出具证明，报经办机构同意，工伤职工到统筹地区以外就医所需的交通、食宿费用从工伤保险基金支付，基金支付的具体标准由统筹地区人民政府规定。

4）工伤职工治疗非工伤引发的疾病，不享受工伤医疗待遇，按照基本医疗保险办法处理。

工伤职工到签订服务协议的医疗机构进行工伤康复的费用，符合规定的，从工伤保险基金支付。

2.5 水利水电工程建设相关安全生产规章

水利工程建设安全生产部门规章包括水利部、国家安全生产监督管理总局、住房和城乡建设部、卫生部等部门办法的安全生产、职业健康方面的规章。比如《水利工程建设安全生产管理规定》《建筑施工企业安全生产许可证管理规定》《建筑起重机械安全监督管理规定》等。

2.5.1 《水利工程建设安全生产管理规定》

《水利工程建设安全生产管理规定》(水利部令第 26 号) 根据《中华人民共和国安全生产法》《建设工程安全生产管理条例》等法律、法规，结合水利工程的特点而制定，于 2005 年 6 月 22 日水利部部务会议审议通过，2005 年 7 月 22 日水利部令第 26 号公布，自 2005 年 9 月 1 日起施行，2014 年 8 月 19 日水利部令第 46 号第一次修改，2017 年 12 月 22 日水利部令第 49 号第二次修改。主要内容有：

(1) 为了加强水利工程建设安全生产监督管理，明确安全生产责任，防止和减少安全生产事故，保障人民群众生命和财产安全。

(2) 该规定适用于水利工程的新建、扩建、改建、加固和拆除等活动及水利工程建设安全生产的监督管理。

(3) 项目法人（或者建设单位，下同）、勘察（测）单位、设计单位、施工单位、建设监理单位及其他与水利工程建设安全生产有关的单位，遵守安全生产法律法规，依法承担水利工程建设安全生产责任。

(4) 项目法人在对施工投标单位进行资格审查时，应当对投标单位的主要负责人、项目负责人以及专职安全生产管理人员是否经水行政主管部门安全生产考核合格进行审查。有关人员未经考核合格的，不得认定投标单位的投标资格。

(5) 项目法人不得调减或挪用批准概算中所确定的水利工程建设有关安全作业环境及安全施工措施等所需费用。工程承包合同中应当明确安全作业环境及安全施工措施所需费用。

(6) 施工单位在工程报价中应当包含工程施工的安全作业环境及安全施工措施所需费用。对列入建设工程概算的上述费用，应当用于施工安全防护用具及设施的采购和更新、安全施工措施的落实、安全生产条件的改善，不得挪作他用。

(7) 项目法人应当组织编制保证安全生产的措施方案，并自开工报告批准之日起 15 日内报有管辖权的水行政主管部门、流域管理机构或者其委托的水利工程建设安全生产监督机构（以下简称安全生产监督机构）备案。建设过程中安全生产的情况发生变化时，应当及时对保证安全生产的措施方案进行调整，并报原备案机关保证安全生产的措施方案应当根据有关法律法规、强制性标准和技术规范的要求并结合工程的具体情况编制，应当包括以下内容：

1) 项目概况；
2) 编制依据；
3) 安全生产管理机构及相关负责人；
4) 安全生产的有关规章制度制定情况；
5) 安全生产管理人员及特种作业人员持证上岗情况等；

6）生产安全事故的应急救援预案；

7）工程度汛方案、措施；

8）其他有关事项。

（8）项目法人在水利工程开工前，应当就落实保证安全生产的措施进行全面系统的布置，明确施工单位的安全生产责任。

（9）建设监理单位和监理人员应当按照法律、法规和工程建设强制性标准实施监理，并对水利工程建设安全生产承担监理责任。

建设监理单位应当审查施工组织设计中的安全技术措施或者专项施工方案是否符合工程建设强制性标准。

建设监理单位在实施监理过程中，发现存在生产安全事故隐患的，应当要求施工单位整改；对情况严重的，应当要求施工单位暂时停止施工，并及时向水行政主管部门、流域管理机构或者其委托的安全生产监督机构以及项目法人报告。

（10）施工单位主要负责人依法对本单位的安全生产工作全面负责。施工单位应当建立健全安全生产责任制度和安全生产教育培训制度，制定安全生产规章制度和操作规程，保证本单位建立和完善安全生产条件所需资金的投入，对所承担的水利工程进行定期和专项安全检查，并做好安全检查记录。

施工单位的项目负责人应当由取得相应执业资格的人员担任，对水利工程建设项目的安全施工负责，落实安全生产责任制度、安全生产规章制度和操作规程，确保安全生产费用的有效使用，并根据工程的特点组织制定安全施工措施，消除安全事故隐患，及时、如实报告生产安全事故。

（11）施工单位的主要负责人、项目负责人、专职安全生产管理人员应当经水行政主管部门安全生产考核合格后方可任职。施工单位应当对管理人员和作业人员每年至少进行一次安全生产教育培训，其教育培训情况记入个人工作档案。安全生产教育培训考核不合格的人员，不得上岗。施工单位在采用新技术、新工艺、新设备、新材料时，应当对作业人员进行相应的安全生产教育培训。

（12）垂直运输机械作业人员、安装拆卸工、爆破作业人员、起重信号工、登高架设作业人员等特种作业人员，必须按照国家有关规定经过专门的安全作业培训，并取得特种作业操作资格证书后，方可上岗作业。

（13）施工单位在建设有度汛要求的水利工程时，应当根据项目法人编制的工程度汛方案、措施制定相应的度汛方案，报项目法人批准；涉及防汛调度或者影响其他工程、设施度汛安全的，由项目法人报有管辖权的防汛指挥机构批准。

（14）施工单位应当设立安全生产管理机构，按照国家有关规定配备专职安全生产管理人员。施工现场必须有专职安全生产管理人员。

专职安全生产管理人员负责对安全生产进行现场监督检查。发现生产安全事故隐患,应当及时向项目负责人和安全生产管理机构报告;对违章指挥、违章操作的,应当立即制止。

(15)水行政主管部门和流域管理机构按照分级管理权限,负责水利工程建设安全生产的监督管理。水行政主管部门或者流域管理机构委托的安全生产监督机构,负责水利工程施工现场的具体监督检查工作。

(16)流域管理机构负责所管辖的水利工程建设项目的安全生产监督工作。

(17)省、自治区、直辖市人民政府水行政主管部门负责本行政区域内所管辖的水利工程建设安全生产的监督管理工作。

(18)各级地方人民政府水行政主管部门应当根据本级人民政府的要求,制定本行政区域内水利工程建设特大生产安全事故应急救援预案,并报上一级人民政府水行政主管部门备案。流域管理机构应当编制所管辖的水利工程建设特大生产安全事故应急救援预案,并报水利部备案。

此外,《水利工程建设安全生产管理规定》还对各监管机构的职责、施工单位建立应急预案,开展应急培训、演练,以及事故调查处理等方面的内容进行了规定。

2.5.2 《建筑施工企业安全生产许可证管理规定》

《建筑施工企业安全生产许可证管理规定》由建设部于 2004 年 6 月 29 日通过,自 2004 年 7 月 5 日起施行。

该规定明确了国家对建筑施工企业实行安全生产许可制度,建筑施工企业未取得安全生产许可证的,不得从事建筑施工活动。取得安全生产许可证应当具备的安全生产条件:

(1)建立健全安全生产责任制,制定完备的安全生产规章制度和操作规程;

(2)保证本单位安全生产条件所需资金的投入;

(3)设置安全生产管理机构,按照国家有关规定配备专职安全生产管理人员;

(4)主要负责人、项目负责人、专职安全生产管理人员经建设主管部门或者其他有关部门考核合格;

(5)特种作业人员经有关业务主管部门考核合格,取得特种作业操作资格证书;

(6)管理人员和作业人员每年至少进行一次安全生产教育培训并考核合格;

(7)依法参加工伤保险,依法为施工现场从事危险作业的人员办理意外伤害保险,为从业人员交纳保险费;

(8)施工现场的办公、生活区及作业场所和安全防护用具、机械设备、施工机具及配件符合有关安全生产法律、法规、标准和规程的要求;

(9)有职业危害防治措施,并为作业人员配备符合国家标准或者行业标准的安全防护用具和安全防护服装;

（10）有对危险性较大的分部分项工程及施工现场易发生重大事故的部位、环节的预防、监控措施和应急预案；

（11）有生产安全事故应急救援预案、应急救援组织或者应急救援人员，配备必要的应急救援器材、设备；

（12）法律、法规规定的其他条件。

2.5.3 《建筑起重机械安全监督管理规定》

《建筑起重机械安全监督管理规定》（简称"《规定》"）由原建设部于2008年1月8日通过，自2008年6月1日起施行。

《规定》进一步明确了建设主管部门行使建筑起重机械安全监管职责，对遏制国内建筑工程工地起重机械事故频发的势头有着重要作用。

建筑起重机械是工程施工最重要的机械设备，也是专业技术、安全可靠要求高的机械设备。建筑起重机械是施工的常用机械设备，同时它又是事故的高发区。《规定》明确了建筑起重机械安全监督管理的责任主体是建设单位、施工总承包单位、租赁单位、安装单位、使用单位、监理单位以及建设行政主管部门，并且明确具体地规定了各责任主体的安全职责。这样一来，各责任主体的安全职责自然会定位到其内部各安全责任人，形成各负其责、风险共担的局面。另外，《规定》通过起重机械备案、安装拆卸告知、使用登记三项制度把设备产权、设备安拆和设备使用纳入到建设行政主管部门监管体系之内，如果实施动态监管，非法产品、国家明令淘汰或者禁止使用的产品、超过制造厂家规定的使用年限的产品很难流进建筑施工现场，无资质的安装队伍、挂靠的安装队伍、无证的上岗人员也很难流进建筑施工现场，这对于排查施工现场重大危险源有重要意义。

《规定》对建筑起重机械的范畴作出了明确的界定，建筑起重机械是指纳入特种设备目录，在房屋建筑工地和市政工程工地安装、拆卸、使用的起重机械。根据国家质检总局《特种设备目录》（2014年第114号公告）的规定，在"起重机械"界定范围内的有：塔式起重机、桥式起重机、门式起重机、流动式起重机、门座式起重机、施工升降机、简易升降机、缆索式起重机、桅杆式起重机、机械式停车设备。

《规定》要求，特种作业人员应当经建设主管部门考核，并发证上岗。特种设备作业人员的培训应统一标准、统一培训机构、统一考核发证。除按培训大纲要求理论基础学习，理论联系实际很重要，必须要提供固定时间、固定地点的实际操作培训和实际操作实习，严把实际操作考核关。

2.5.4 《安全生产领域违法违纪行为政纪处分暂行规定》

《安全生产领域违法违纪行为政纪处分暂行规定》（简称"《暂行规定》"）由监察

部、国家安全监管总局于 2006 年 11 月 22 日颁布实施。

（1）制定目的：为了加强安全生产工作，惩处安全生产领域违法违纪行为，促进安全生产法律法规的贯彻实施，保障人民群众生命财产和公共财产安全。

（2）适用范围：国家行政机关及其公务员，企业、事业单位中由国家行政机关任命的人员有安全生产领域违法违纪行为，应当给予处分的，适用本规定。

（3）处分权限：有安全生产领域违法违纪行为的国家行政机关，对其直接负责的主管人员和其他直接责任人员，以及对有安全生产领域违法违纪行为的国家行政机关公务员，由监察机关或者任免机关按照管理权限，依法给予处分。

有安全生产领域违法违纪行为的企业、事业单位，对其直接负责的主管人员和其他直接责任人员，以及对有安全生产领域违法违纪行为的企业、事业单位工作人员中由国家行政机关任命的人员，由监察机关或者任免机关按照管理权限，依法给予处分。

（4）参照执行的其他单位和组织：法律、法规授权的具有管理公共事务职能的组织以及国家行政机关依法委托的组织及其工勤人员以外的工作人员有安全生产领域违法违纪行为，应当给予处分的，参照本规定执行。

（5）主要内容：企业、事业单位中除由国家行政机关任命的人员外，其他人员有安全生产领域违法违纪行为，应当给予处分的，由企业、事业单位参照本规定执行。

《暂行规定》列出了国家机关及其公务员七类 25 种违法违纪行为、国有企业及其工作人员五类 18 种违法违纪行为，还有事业单位的违法违纪行为，《暂行规定》中所列违法违纪行为分为三种情况：一是现行安全生产法律法规中已明确的，在《暂行规定》中设定了具体的处分档次。二是中央纪委有关文件已有规定的，这次列入《暂行规定》。三是企业及其工作人员在安全生产领域的违法违纪行为。

由于事业单位和中介组织在安全生产中承担着安全评价、培训、认证、资质验证、设计、检测、检验职责，如果这些机构及其工作人员，不认真履行职责，出具虚假报告等与事实不符的文件、材料，就会给安全生产带来隐患，甚至酿成事故。因此，《暂行规定》对事业单位和中介组织及其工作人员比较突出的违法违纪行为也做了相应规定。

2.5.5 《安全生产事故隐患排查治理暂行规定》

1. 总体要求

（1）立法目的

《安全生产事故隐患排查治理暂行规定》（国家安全生产监督管理总局令第 16 号）根据安全生产法等法律、行政法规而制定，于 2007 年 12 月 22 日国家安全生产监督管理总局局长办公会议审议通过，自 2008 年 2 月 1 日起正式施行。其目的是为了建立安全生产事故隐患排查治理长效机制，强化安全生产主体责任，加强事故隐患监督管理，防止和减少事故,保障人民群众生命财产安全。

(2) 适用范围

该规定第二条明确规定,生产经营单位安全生产事故隐患排查治理和安全生产监督管理部门、煤矿安全监察机构(以下统称安全监管监察部门)实施监管监察,适用本规定。有关法律、行政法规对安全生产事故隐患排查治理另有规定的,依照其规定。

(3) 事故隐患定义

本规定所称安全生产事故隐患(以下简称事故隐患),是指生产经营单位违反安全生产法律、法规、规章、标准、规程和安全生产管理制度的规定,或者因其他因素在生产经营活动中存在可能导致事故发生的物的危险状态、人的不安全行为和管理上的缺陷。

事故隐患分为一般事故隐患和重大事故隐患。一般事故隐患,是指危害和整改难度较小,发现后能够立即整改排除的隐患。重大事故隐患,是指危害和整改难度较大,应当全部或者局部停产停业,并经过一定时间整改治理方能排除的隐患,或者因外部因素影响致使生产经营单位自身难以排除的隐患。

2. 主要规定

(1) 建立隐患排查治理有关制度的规定

第四条 生产经营单位应当建立健全事故隐患排查治理制度。生产经营单位主要负责人对本单位事故隐患排查治理工作全面负责。

第八条 生产经营单位是事故隐患排查、治理和防控的责任主体。生产经营单位应当建立健全事故隐患排查治理和建档监控等制度,逐级建立并落实从主要负责人到每个从业人员的隐患排查治理和监控责任制。

第九条 生产经营单位应当保证事故隐患排查治理所需的资金,建立资金使用专项制度。

第十一条 生产经营单位应当建立事故隐患报告和举报奖励制度,鼓励、发动职工发现和排除事故隐患,鼓励社会公众举报。对发现、排除和举报事故隐患的有功人员,应当给予物质奖励和表彰。

(2) 进行隐患登记的规定

第十条 生产经营单位应当定期组织安全生产管理人员、工程技术人员和其他相关人员排查本单位的事故隐患。对排查出的事故隐患,应当按照事故隐患的等级进行登记,建立事故隐患信息档案,并按照职责分工实施监控治理。

(3) 开展隐患统计分析的规定

第十四条 生产经营单位应当每季、每年对本单位事故隐患排查治理情况进行统计分析,并分别于下一季度15日前和下一年1月31日前向安全监管监察部门和有关部门报送书面统计分析表。统计分析表应当由生产经营单位主要负责人签字。

对于重大事故隐患，生产经营单位除依照前款规定报送外，应当及时向安全监管监察部门和有关部门报告。重大事故隐患报告内容应当包括：

1) 隐患的现状及其产生原因；
2) 隐患的危害程度和整改难易程度分析；
3) 隐患的治理方案。

（4）编制重大隐患治理方案的规定

第十五条 对于一般事故隐患，由生产经营单位（车间、分厂、区队等）负责人或者有关人员立即组织整改。

对于重大事故隐患，由生产经营单位主要负责人组织制定并实施事故隐患治理方案。

重大事故隐患治理方案应当包括以下内容：

1) 治理的目标和任务；
2) 采取的方法和措施；
3) 经费和物资的落实；
4) 负责治理的机构和人员；
5) 治理的时限和要求；
6) 安全措施和应急预案。

（5）采取安全防范措施的规定

第十六条 生产经营单位在事故隐患治理过程中，应当采取相应的安全防范措施，防止事故发生。事故隐患排除前或者排除过程中无法保证安全的，应当从危险区域内撤出作业人员，并疏散可能危及的其他人员，设置警戒标志，暂时停产停业或者停止使用；对暂时难以停产或者停止使用的相关生产储存装置、设施、设备，应当加强维护和保养，防止事故发生。

第十七条 生产经营单位应当加强对自然灾害的预防。对于因自然灾害可能导致事故灾难的隐患，应当按照有关法律、法规、标准和本规定的要求排查治理，采取可靠的预防措施，制定应急预案。在接到有关自然灾害预报时，应当及时向下属单位发出预警通知；发生自然灾害可能危及生产经营单位和人员安全的情况时，应当采取撤离人员、停止作业、加强监测等安全措施，并及时向当地人民政府及其有关部门报告。

2.6 水利水电工程建设规范性文件及其他文件

从严格意义上讲，规范性文件不属于法的范畴，它是由国务院各部委制定，或由各省、自治区、直辖市政府以及各厅（局）、委员会等政府管理部门制定，常以"通知"、"规定"、"决定"等文件形式出现，是安全生产法律体系的重要补充。在实践中，规范性文件往往对立法由一定的指导和引领作用。因为立法有严格的程序，对一类社会关系或问题纳入法律管理需要一个过程，而规范性文件由于形式灵活，制定的程序简便，所以在行政管理实践中被大量采用。一般情况下，规范性文件是针对某个问题制定的，内容较单一，对所规范的问题有的在文件中明确了制裁措施，有的没有在文件中明确制裁措施。

2.6.1 国务院安全生产文件

1.《国务院关于进一步加强安全生产工作的决定》

该决定由国务院于 2004 年 1 月 9 日以国发〔2004〕2 号文印发。

《决定》指出，安全生产关系人民群众的生命财产安全，关系改革发展和社会稳定大局。要进一步加强安全生产工作，尽快实现我国安全生产局面的根本好转。《决定》强调，各地区、各部门和各单位要加强调查研究，注意发现安全生产工作中出现的新情况，研究新问题，推进安全生产理论、监管体制和机制、监管方式和手段、安全科技、安全文化等方面的创新，不断增强安全生产工作的针对性和实效性，努力开创我国安全生产工作的新局面，为社会经济的发展创造安全稳定的环境。主要内容有：

（1）加强产业政策的引导，加大政府对安全生产的投入，制定和完善产业政策，调整和优化产业结构；

（2）健全完善安全生产法制建设，深入安全生产专项整治；

（3）加强安全生产科研和技术开发，建立生产安全应急救援体系。

（4）依法加强和改进生产经营单位安全管理，全面开展安全质量标准化活动，搞好安全生产技术培训工作；

（5）建立企业提取安全费用制度，保证安全生产所需资金投入，依法加大企业对伤亡事故的经济赔偿标准。

（6）加强地方各级安全生产监管机构和执法队伍建设，强化安全生产监管监察行政执法，做好对小企业的安全生产监管；

（7）建立安全生产行政许可制度和企业安全生产风险抵押金制度；

（8）建立安全生产控制指标体系，对安全生产情况实行定量控制和考核。

（9）认真落实各级领导安全生产责任，依法严肃查处事故责任。强化社会监督、群众监督和新闻媒体监督，构建"政府统一领导、部门依法监管、企业全面负责、群众参与监督、全社会广泛支持"的安全生产工作格局。

2.《国务院关于进一步加强企业安全生产工作的通知》

该通知由国务院于 2010 年 7 月 19 日以国发〔2010〕23 号文下发。

这是继 2004 年国务院《关于进一步加强安全生产工作的决定》、2005 年国务院第 116 次常务会议提出的安全生产 12 项治本之策之后，国务院出台的又一个安全生产的重要文件。

明确了以下十项制度，主要内容有：

(1) 重大隐患治理和重大事故查处督办制度。对重大安全隐患治理实行逐级挂牌督办、公告制度，国家相关部门加强督促检查；对事故查处实行层层挂牌督办，重大事故查处由国务院安委会挂牌督办。

(2) 领导干部轮流现场带班制度。要求企业负责人和领导班子成员要轮流现场带班，其中煤矿和非煤矿山要有矿领导带班并与工人同时下井、升井。对发生事故而没有领导干部现场带班的，要严肃处理。

(3) 先进适用技术装备强制推行制度。对安全生产起到重要支撑和促进作用的安全生产技术装备，规定推广应用到位的时限要求，其中煤矿"六大系统"要在 3 年之内完成。逾期未安装的，要依法暂扣安全生产许可证和生产许可证。

(4) 安全生产长期投入制度。规定企业在制定财务预算中必须确定必要的安全投入，落实地方和企业对国家投入的配套资金，研究高危行业安全生产费用提取下限标准并适当扩大范围，加强道路交通事故社会求助基金制度建设，积极稳妥推行安全生产责任保险制度等。

(5) 企业安全生产信用挂钩联动制度。规定要将安全生产标准化分级评价结果，作为信用评级的重要考核依据；对发生重特大事故或一年内发生 2 次以上较大事故的，一年内严格限制新增项目核准、用地审批、证券融资等，并作为银行贷款的重要参考依据。

(6) 应急救援基地建设制度。规定先期建设 7 个国家矿山救援队，配备性能先进、机动性强的装备和设备；明确进一步推进 6 个行业领域的国家救援基地和队伍建设。

(7) 现场紧急撤人避险制度。赋予企业生产现场带班人员、班组长和调度人员在遇到险情第一时间下达停产撤人命令的直接决策权和指挥权。

(8) 高危企业安全生产标准核准制度。和高危行业从业人员资格标准，要把符合安全生产标准要求作为高危行业企业准入的前置条件，严把安全准入关。

(9) 工伤事故死亡职工一次性赔偿制度。规定提高赔偿标准，对因生产安全事故造成的职工死亡，其一次工亡补助标准调整为按全国上一年度城镇居民人均可支配收入的 20 倍计算。

经测算，按 2013 年度全国平均城镇居民人均可支配收入 26955 元的水平，全国平均一次性工伤死亡补助金为 53.91 万元，加上同时实行的丧葬补助金和供养亲属抚恤金（按供养两位亲属测算），三项合计约为 87.60 万元。其中前两项为一次性支出，后一项按工亡职工供养人口长期、按月发放。并且《工伤保险条例》将依据不同地区和企业单位的安全生产状况，实行浮动费用率和差别费率，对发生重特大事故或事故多发的企业单位，通过调整缴费比例，促进加强安全生产工作。

（10）企业负责人职业资格否决制度。规定对重大、特别重大事故负有主要责任的企业，其主要负责人，终身不得担任本行业企业的矿长（厂长、经理）。

3.《国务院关于坚持科学发展安全发展促进安全生产形势持续稳定好转的意见》

该意见由国务院于2011年11月26日以国发〔2011〕40号文印发，明确指出要充分认识坚持科学发展安全发展的重大意义，提出了坚持科学发展、安全发展促进安全生产形势持续稳定好转的指导思想和基本原则，要求进一步加强安全生产法制建设，就安全生产形势的稳定好转提出以下意见：

（1）全面落实安全生产责任。认真落实企业安全生产主体责任，强化地方人民政府安全监管责任，切实履行部门安全生产管理和监督职责。

（2）着力强化安全生产基础。严格安全生产准入条件，加强安全生产风险监控管理和职业病危害防治工作，推进安全生产标准化建设。

（3）深化重点行业领域安全专项整治。按照"谁发证、谁审批、谁负责"的原则，进一步落实建筑工程招投标、资质审批、施工许可、现场作业等各环节安全监管责任，严厉打击超越资质范围承揽工程、违法分包转包工程等不法行为。

（4）大力加强安全保障能力建设，通过持续加大安全生产投入，建设更加高效的应急救援体系，积极推进安全文化建设和普及安全知识，提高从业人员职业技能素质。

（5）切实加强组织领导和监督，在健全完善安全生产工作格局的基础上，发挥社会公众的参与监督作用，完善安全生产奖惩制度。

4.《中共中央国务院关于推进安全生产领域改革发展的意见》

2016年12月9日，该《意见》分总体要求、健全落实安全生产责任制、改革安全监管监察体制、大力推进依法治理、建立安全预防控制体系、加强安全基础保障能力建设6部分30条。

（1）总体要求

指导思想：全面贯彻党的十八大和十八届三中、四中、五中、六中全会精神，以邓小平理论、"三个代表"重要思想、科学发展观为指导，深入贯彻习近平总书记系列重要讲话精神和治国理政新理念新思想新战略，进一步增强"四个意识"，紧紧围绕统筹推进"五位一体"总体布局和协调推进"四个全面"战略布局，牢固树立新发展理念，坚持安全发展，坚守发展决不能以牺牲安全为代价这条不可逾越的红线，以防范遏制重特大生产安全事故为重点，坚持安全第一、预防为主、综合治理的方针，加强领导、改革创新、协调联动、齐抓共管，着力强化企业安全生产主体责任，着力堵塞监督管理漏洞，着力解决不遵守法律法规的问题，依靠严密的责任体系、严格的法治措施、有效的体制机制、有力的基础保障和完善的系统治理，切实增强安全防范治理能力,大力提升我国安全生产整体水平,确保人民群众安康幸福、共享改革发展和社会文明进步成果。

基本原则:坚持安全发展、坚持改革创新、坚持依法监管、坚持源头防范、坚持系统治理。

目标任务:到2020年,安全生产监管体制机制基本成熟,法律制度基本完善,全国生产安全事故总量明显减少,职业病危害防治取得积极进展,重特大生产安全事故频发势头得到有效遏制,安全生产整体水平与全面建成小康社会目标相适应。到2030年,实现安全生产治理体系和治理能力现代化,全民安全文明素质全面提升,安全生产保障能力显著增强,为实现中华民族伟大复兴的中国梦奠定稳固可靠的安全生产基础。

(2)健全落实安全生产责任制

明确地方党委和政府领导责任、明确部门监管责任、严格落实企业主体责任、健全责任考核机制、严格责任追究制度。

(3)改革安全监管监察体制

完善监督管理体制、改革重点行业领域安全监管监察体制、进一步完善地方监管执法体制、健全应急救援管理体制。

(4)大力推进依法治理

健全法律法规体系、完善标准体系、严格安全准入制度、规范监管执法行为、完善执法监督机制、健全监管执法保障体系、完善事故调查处理机制。

(5)建立安全预防控制体系

加强安全风险管控、强化企业预防措施、建立隐患治理监督机制、强化城市运行安全保障、加强重点领域工程治理、建立完善职业病防治体系。

(6)加强安全基础保障能力建设

完善安全投入长效机制、建立安全科技支撑体系、健全社会化服务体系、发挥市场机制推动作用、健全安全宣传教育体系。

5.《国务院安委会关于进一步加强安全培训工作的决定》

该决定由国务院安委会于2012年11月21日以安委〔2012〕10号文印发。

《决定》,可以说是在系统总结以往安全培训方面的方针政策、法规规范及经验教训的基础上,对国务院国发〔2010〕23号、国发〔2011〕40号文件在安全培训工作方面的规定和要求进行了深化和细化,进一步明确了现阶段安全培训工作的总体思路和工作目标,提出了进一步加强安全培训工作的一系列政策措施。《决定》坚持以科学发展观为统领,以落实"以人为本、关注民生"的执政理念和"安全第一、预防为主、综合治理"的方针为基础,对于强化企业安全生产基础建设、遏制重特大安全事故,实施"人才强安"战略,开创安全培训工作的新局面,具有十分重要的意义。

其主要内容可以概括为"一个树立"、"两个坚持"、"三个细化"、"五个落实"。具体来说就是，树立一个工作意识，即"培训不到位是重大安全隐患"；坚持两个工作理念，即依法培训、按需施教；完善细化三个责任体系，即企业安全培训主体责任，政府及有关部门安全培训监管和安全监管监察人员培训职责，安全培训和考试的机构培训质量保障责任；落实五项法律制度，即高危企业从业人员准入制度、"三项岗位"人员（高危行业企业主要负责人、安全生产管理人员和特种作业人员）持证上岗制度、企业职工先培训后上岗制度、师傅带徒弟制度、安全监管监察人员持证上岗和继续教育制度。

《决定》要求强化安全培训责任追究，明确提出实行更加严格的"三个一律"。一是对应持证未持证或者未经培训就上岗的人员，一律先离岗、培训持证后再上岗，并依法对企业按规定上限处罚，直至停产整顿和关闭。二是对存在不按大纲教学、不按题库考试、教考不分、乱办班等行为的安全培训和考试机构，一律依法严肃处罚。三是对各类生产安全责任事故，一律倒查培训、考试、发证不到位的责任。对因未培训、假培训或者未持证上岗人员的直接责任引发重特大事故的，所在企业主要负责人依法终身不得担任本行业企业主要负责人，实际控制人依法承担相应责任。

2.6.2 水利部及其他部委安全生产文件

一、关于贯彻落实《中共中央国务院关于加快水利改革发展的决定》加强水利安全生产工作的实施意见（水安监〔2011〕175号）

为贯彻落实《中共中央国务院关于加快水利改革发展的决定》（中发〔2011〕1号，以下简称中央一号文件）、《国务院办公厅关于继续深化"安全生产年"活动的通知》（国办发〔2011〕11号）和全国安全生产电视电话会议精神，根据《水利部关于落实＜中共中央国务院关于加快水利改革发展的决定＞分工的通知》要求，进一步加强水利安全生产工作，结合水利实际，提出以下实施意见。

（一）总体要求

以邓小平理论和"三个代表"重要思想为指导，深入贯彻落实科学发展观，牢固树立以人为本、安全发展的理念，坚持"安全第一、预防为主、综合治理"的方针，根据中央一号文件精神，紧紧围绕水利中心工作，以深入贯彻落实国务院《关于进一步加强企业安全生产工作的通知》（以下简称《通知》）为核心，以深化安全生产执法、治理、宣教"三项行动"和法制体制机制、保障能力、监管队伍"三项建设"为重点，把事故预防作为促进安全生产的主攻方向，把规范生产行为作为促进安全生产的重要保障，把科技进步作为促进安全生产的重要支撑，继续深入开展"安全生产年"活动，促进水利安全生产形势持续稳定向好，坚决杜绝重特大生产安全事故，最大限度减少较大和一般生产安全事故，确保国家和人民群众生命财产安全，为"十二五"时期水利又好又快发展提供坚实的安全生产保障。

(二) 主要任务

"十二五"期间，水利安全生产工作以中小河流重要河段治理、病险水库（闸）除险加固、枢纽工程、水源工程、农村水电建设、大中型灌区续建配套和节水改造、淤地坝建设、农田水利建设等为重点，通过全面落实安全生产主体责任、强化安全生产监管、严厉打击非法违法行为、促进隐患排查治理、加强安全教育培训、推进安全生产标准化和法制体制机制建设等措施，建立和完善水利生产经营单位安全保障体系、行业监管和群众监督体系、安全管理和科技支撑体系、安全生产法规标准体系、应急救援体系、宣传教育培训体系等"六大体系"，着力提高水利生产经营单位本质安全水平和事故防范能力、监督执法和群防群治能力、技术装备的安全保障能力、依法依规安全生产能力、事故救援和应急处置能力、职工安全素质和自救互救能力等"六个能力"，有效防范各类生产安全事故，为水利又好又快发展营造良好的安全生产环境。

(三) 重点内容

1. 加强责任落实，建立水利生产经营单位安全保障体系，提高本质安全和事故防范能力

(1) 全面落实安全生产责任制。切实落实各级水行政主管部门安全生产监管责任，强化水利生产经营单位安全生产主体责任，落实主要负责人"一岗双责"和强化职工岗位安全责任，逐级、逐岗、逐人签订安全生产责任状，把各项安全生产工作落到实处。进一步落实水库大坝、淤地坝、农村水电的地方政府、主管部门安全生产监督管理责任制以及病险水库除险加固责任制，落实大规模水利建设政府安全生产监管职责。进一步强化水利工程建设项目法人、勘测设计、施工、监理等单位和水利工程管理单位的安全生产主体责任落实，健全安全管理机构，完善安全管理制度，确保安全投入、安全管理、安全装备、教育培训等措施落实到位。（安监司牵头，有关专业主管司局分别负责）

(2) 严格安全生产目标责任考核。制定水利安全生产年度目标计划，建立健全各单位安全生产控制指标考核体系，将水利安全生产工作纳入领导干部政绩业绩和单位评选先进的重要考核内容，增加安全生产考核权重，严格目标责任考核，落实完成安全生产重要指标和主要任务的保障措施。（安监司、人事司负责，有关专业主管司局配合）

(3) 加大安全生产事故责任追究力度。按照"四不放过"和依法依规、实事求是、注重实效的原则，严格事故调查和责任追究。对隐患整改不力造成事故的，以及瞒报、谎报、迟报、漏报事故的，严肃行政问责和追究相关有关领导及责任人的责任。对典型生产安全事故进行通报、约谈和召开现场分析会，加大警示问责和督导整改力度。（安监司、人事司、驻部监察局负责，有关专业主管司局配合）

2. 强化安全监管，建立行业监管和群众监督体系，提高监督执法和群防群治能力

（4）严厉打击水利非法违法生产经营建设行为。结合水利工程建设领域突出问题专项治理和集中严厉打击非法违法生产经营建设行为专项行动等工作，加大水利工程项目违规建设和违章行为执法检查力度，依法严厉打击和整治水利工程建设中违背安全生产市场准入条件、违反安全设施"三同时"规定和水利技术标准强制性条文等非法违法行为。严格执行水利工程建设安全生产许可制度及水利施工企业安全生产退出机制，严把工程建设的安全准入关，坚决杜绝未取得安全生产许可证的施工及制造企业参与水利工程建设。坚持特种作业和重要岗位人员持证上岗制度。深入开展打击河道非法采砂活动，加强河道采砂监管，完善河道采砂管理制度，严厉打击河道采砂非法违法行为，确保河势稳定以及防洪、航运、涉河建筑物和重要基础设施安全。严格设立水利旅游项目审批管理，坚决取缔严重影响水工程安全、水质及水生态环境，造成不良社会影响的水利旅游项目。（安监司牵头，有关专业主管司局和单位分别负责）

（5）切实加强水利工程建设安全生产监管工作。以中小河流重要河段治理、病险水库（闸）除险加固、枢纽工程、水源工程、农村水电建设、大中型灌区续建配套和节水改造、淤地坝建设、主要河道整治和堤防建设、城市防洪排涝工程建设、农田水利建设等为重点，开展以防坍塌、高处坠落等为主要内容的安全生产专项整治，严格制订高危作业专项施工方案，加强现场作业人员的安全教育培训，落实各项安全技术措施，对施工现场实施全时段、全过程和全员安全监管，确保施工安全。（安监司牵头，会同建管司、水保司、农水司、水电局等负责）

（6）切实做好水利工程运行安全管理。建立健全大中型水库运行管理机构，明确安全管理部门，完善水库安全运行管理机制，加强水库大坝安全监测和分析，严格按照调度运用方案运行，确保安全。按照《小型水库安全管理办法》规定，建立小型水库地方政府和水行政主管部门安全责任制，落实小型水库管理和看护人员，加强小型水库安全管理，制订小型水库出险应急预案，开展事故转移避险和救援演练。加强淤地坝安全管理，落实淤地坝管护经费，建立淤地坝良性运行机制，开展坝体和防水、排洪工程运行情况检查，及时进行养护维修，消除安全隐患。加强农田水利工程安全管理，加大灌区内水闸、泵站等取（提）水工程的安全管理力度，强化灌区渠道管护，按要求设置警示标志和防护设施，加强农村饮水安全工程运行管理，确保供水安全。加强水工金属结构安全监管，建立水工金属结构安全监督管理制度体系，组织开展定期检测，加强水工金属结构安装、使用的安全监督管理，确保运行安全。（建管司、水保司、农水司、综合事业局分别负责）

（7）加强农村水电安全管理。巩固违规水电站清查整改成果，认真落实农村水电安全监管职责，加强与安监、电监、工商等部门配合，进一步加强农村水电建设和运行安全监管。严格农村水电工程审批（核准）环节管理，未经水行政主管部门技术审

查的项目，不得审批或核准。坚持基本建设"三项制度"，严格初设审批制度、开工报告制度和工程验收制度。对违反规定擅自审批（核准）、开工、建设或投运发电造成安全事故的，要严格追究业主和有关各方的责任。加强农村水电运营企业的安全监督检查，定期组织隐患排查和治理。加强运行人员上岗培训，规范操作程序。开展农村水电安全生产达标和评价制度研究，逐步建立农村水电站安全检测和评价的服务体系。全面开展农村水电站安全管理分类及年检，消除安全隐患。（水电局负责）

（8）加强水文测验、勘测设计、危险化学品和人员密集场所等安全管理。加强水文监测安全管理，做好水文作业安全防护，水上作业人员要穿戴救生器具，水文测船要配备消防、救生设备和堵漏器材。加强野外勘察、测量作业的安全管理和防护，加强山地灾害和有毒气体防范，制订预防和应急避险方案，确保安全。落实水利试验室和大型实验设备使用以及有毒化学危险品的安全管理和防护措施。完善水利旅游安全防护设施、安全警示牌设置、游人疏导和安全事故应急救援预案。加强油库、锅炉、压力容器、仓库等危险源或区域以及宾馆、培训中心、职工医院、办公场所、集体宿舍、学校、幼儿园等人员聚集场所的安全监管，检查消防设施、电器设备，严防火灾等事故。（国科司、水文局、综合事业局、水规总院、机关服务局及有关专业主管司局分别负责）

（9）加强汛期、重大活动和节假日等重要时段水利安全生产监督检查。结合汛期、重大活动和节假日重要时段安全生产工作的特点和要求，做好安全隐患排查工作，严防各类生产安全事故，做好因自然灾害引发生产安全事故的防范工作。（安监司牵头，有关专业主管司局配合）

（10）加强水利安全监督队伍建设。进一步建立健全各级水行政主管部门安全监管机构，明确监管职责，充实监管人员，落实工作经费，为做好水利安全生产工作提供强有力的组织保障。没有成立专门安监机构的省份和地县，要把安全监管职责明确到有关部门，落实人员和工作经费，确保安全生产工作有机构负责、有人员管理、有经费保障。各水利生产经营单位和项目法人要落实安全生产管理机构和配备专职安全生产管理人员，确保安全管理工作正常开展。（安监司、人事司、财务司负责）

（11）完善水利安全生产监管协作联动机制，加强安全生产群众监督。充分发挥部安全生产领导小组各成员单位作用，全面落实综合监督与专业管理相结合的安全生产工作机制，形成监管合力。加强与安监、电监、交通、工商、审计、监察等相关部门的沟通协作，建立联合检查执法机制，提高工作效能。落实职工群众对安全生产的参与权和监督权，充分调动职工安全生产工作的积极性，鼓励职工群众提出加强安全生产的合理化建议，支持职工群众反映和举报各类安全生产违规违章行为，形成职工群众积极关心、支持安全生产的良好氛围。（安监司牵头，会同驻部监察局和有关专业主管司局负责）

3. 加大安全投入，建立安全管理和科技支撑体系，提高安全保障能力

（12）加强安全隐患排查治理。将隐患排查治理纳入安全监管和水利生产经营单位日常安全管理的重要内容。已建项目要着重解决安全设施的历史欠账，消除水利设施设备的安全隐患；对存在安全隐患的水利管理设施、监测设施和安全设备，要加大更新改造力度，尽早消除隐患。（安监司牵头，各专业主管司局分别负责）

（13）落实水利安全设施"三同时"制度。新建水利项目要做到安全设施与主体工程"三同时"，大型水利枢纽项目试行开展安全评价。水利工程建设项目要对安全生产条件及安全设施进行综合分析论证，编制安全专篇，防止出现安全设施先天不足。从事水利建设的施工企业，要按照国家有关规定，足额提取安全生产费用，落实施工各项安全措施，改善作业环境和施工条件，提高安全保障能力。（安监司牵头，会同规计司、财务司、建管司、水规总院负责）

（14）加快病险工程除险加固。巩固大中型病险水库除险加固成果，加大小型病险水库除险加固力度，推进大中型病险水闸除险加固，尽快消除安全隐患。督促各地开展病险淤地坝除险加固工作，完善淤地坝排险避险方案，确保运行安全。（建管司、水保司、规计司负责）

（15）加大水利安全生产技术改造升级力度。鼓励和引导研发、采用先进适用的安全技术和产品，鼓励安全生产适用技术和新装备、新工艺、新标准的推广应用，努力提高水利生产经营单位安全生产水平，改善职工劳动条件。开展老旧农村水电站增效扩容改造，提高设备的完好率和效能水平。加强水利安全生产监督管理信息化建设，逐步实现安全监管信息化、科学化。（国科司、水电局、安监司分别负责）

（16）建立和完善安全生产咨询服务体系。注重安全评价、检测等中介机构和社团组织的建设和管理，规范安全评价、检测机构和人员的职业行为和资质资格管理，发挥其在安全技术咨询和教育培训等方面的服务功能。（有关专业主管司局分别负责）

4. 加强制度建设，建立安全生产法规标准体系，提高依法依规安全生产能力

（17）加强大型水库、水电站大坝安全监管，开展《水库大坝安全管理条例》修订工作。组织开展水库大坝安全检查调研和安全风险管理研究，分析安全管理存在的潜在风险，提出加强大型水库、水电站大坝安全监督管理的对策建议。按照新形势对水库大坝安全管理的要求，从明晰和落实主体责任、规范建设行为、实现科学管理和运用、维护资源安全、推进安全隐患排查治理等方面开展《水库大坝安全管理条例》的修订工作。（安监司负责，政法司、建管司、国家防办等配合）

（18）完善水利安全生产规章制度。制定出台《水利安全生产监督管理规定》《水利工程建设项目安全评价管理办法（试行）》《水利工程建设项目安全生产监督指导意见》、《水利工程建设项目安全评价导则》《水利工程建设项目安全评价报告编制规定》，研究制定《水利工程建设项目安全评价机构和人员资质资格管理规定》《水利安全隐患

分类和管理办法》《水利工程重大生产安全事故应急预案管理规定》《水工金属结构安全监督管理办法》《水利风景区安全监督管理办法》等相关规章制度。逐步形成包括安全监督、隐患排查治理、事故查处、应急管理和教育培训等主要内容的水利安全生产规章制度体系。（安监司、规计司、综合事业局分别负责）

（19）加强水利安全生产标准化建设。以《水利技术标准体系表》为基础，对涉及安全生产的标准进行梳理归类，建立水利安全类技术标准体系。推动水利工程施工和运行的安全管理规范化建设。研究制定和补充完善水利施工现场安全管理和安全防护、水利工程建设和运行安全检查等安全生产标准，加快安全标准制修订和实施，进一步规范水利安全生产工作，开展以岗位达标、专业达标和企业达标为主要内容的水利安全生产标准化建设。（安监司、建管司、国科司负责）

5. 完善应急预案，建立应急管理体系，提高事故救援和应急处置能力

（20）加强对安全生产应急管理工作的领导。各级水行政主管部门和流域机构要明确应急管理指挥机构、工作机构及其职责，分类指导水利生产经营单位的应急管理工作。要加大应急管理宣传和培训力度，开展应急预案制订和落实情况检查，建立信息报告制度，提高应急管理、救援和处置能力。（安监司、国家防办、办公厅负责）

（21）完善水利生产安全事故应急预案体系。水利生产经营单位要建立包括基层单位和关键岗位的生产安全事故应急预案体系，完善水库水闸、在建水利工程、农村水电、淤地坝等生产安全事故预案和应急响应机制，开展应急救援演练。发生生产安全事故要依照预案规定及时采取相关应急响应措施，快速反应控制险情，组织抢险救援，减少人员伤亡和财产损失。（安监司牵头，有关专业主管司局分别负责）

6. 加大宣教力度，建立宣传教育培训体系，提高职工安全素质和自救互救能力

（22）广泛开展安全宣传教育。结合水利实际，开展形式多样的水利安全生产宣教活动，组织开展水利"安全生产月"等专题宣传活动，深入基层，广泛宣传安全生产，普及安全知识，传播安全文化，努力营造"以人为本、关注安全、关爱生命"的良好氛围，树立全行业安全生产意识。（安监司牵头，各专业主管司局分别负责）

（23）加大安全培训工作力度。制定安全培训计划，加大安全培训力度。加强对安全监督管理人员、施工生产人员，特别是一线作业人员的安全培训，做到安全培训经常化、制度化。建立健全职工安全培训档案，特种作业人员和重要岗位操作人员必须经培训和考核合格后，才能上岗作业。加强对作业人员岗位培训情况的监督检查，规范培训内容，提高培训质量，严格执行岗前培训、持证上岗制度，促进全员安全素质的全面提高。（安监司、人事司牵头，各专业主管司局分别负责）

（24）做好水利水电工程施工企业"三类人员"安全生产培训考核管理工作。出台《水利水电工程施工企业主要负责人、项目负责人和专职安全生产管理人员安全生产考核管理办法》，修订"三类人员"考核大纲、编写培训教材和建立试题库，进一步完善

和规范水利水电工程施工企业"三类人员"的考核管理,加强对培训考核情况的监督检查,保证安全培训考核效果,切实提高"三类人员"安全素质和水利施工企业安全生产管理水平。(安监司负责)

(四)工作要求

1. 加强领导,落实责任。做好水利安全生产工作是全面贯彻落实中央一号文件,实现水利科学发展的重要保障。各地各单位要将安全生产作为一项重要的政治任务和关系全局的重大责任,把开展水利安全生产各项工作列入重要议事日程,以高度的责任心和紧迫感,切实加强组织领导,健全保障机制,狠抓贯彻落实。单位负责人要亲自研究部署,明确目标,落实责任;分管领导要切实履行职责,加强督促检查,及时解决落实中遇到的问题,逐级分解目标,一级抓一级,层层抓落实,确保各项工作扎实开展。

2. 周密部署,务求实效。各单位要根据本实施意见,结合实际,制定实施办法,明确重点、步骤和具体要求,周密部署,精心组织,做好贯彻落实工作,并将具体实施办法于2011年5月30日前报部。要及时对各项工作开展情况进行监督检查,做好阶段总结,并做好信息的宣传和报送工作。

3. 统筹兼顾,突出重点。要把加快水利改革发展和做好水利安全生产紧密结合,做到统筹兼顾、点面结合。切实抓好水利安全生产重点领域、关键环节、重要时段、要害部位等的安全防范,全面推进安全生产各项工作。既要突出安全度汛、中小河流重要河段治理、病险水库(闸)除险加固、重点水源工程建设、主要河道整治和堤防建设、农村水电、河道采砂等重点领域和事故多发、隐患突出、安全生产形势严峻的地区和单位,同时要加强水文测验、水利工程勘测设计、水利科学研究实验与检验、化学危险品管理、人员密集场所、水利旅游和后勤服务等方面的安全生产。既要突出重点时段以及重点部位、重要设施和重大危险源,也要注意日常检查和其他作业场所和部位,做到不留死角,全面覆盖,切实把隐患治理和事故防范工作抓好抓实。

4. 统筹协调,形成合力。各单位、各部门要按照本意见要求,增强全局意识,加强协调联动,密切沟通配合,形成工作合力。与防汛抗旱检查、水利工程建设领域突出问题专项治理等紧密结合,加强安全生产各项工作的组织实施和落实。加强舆论宣传工作,充分利用各种宣传媒体,及时反映水利安全生产工作开展情况和取得的成效,大力宣传安全生产先进典型,总结推广好经验、好做法,加大舆论监督和群众监督力度,批评曝光安全管理薄弱,隐患事故突出,督促检查不力的单位和部门,形成安全生产的良好舆论氛围。

二、《关于完善水利行业生产安全事故统计快报和月报制度的通知》

1. 制定依据

为加强水利安全生产体制机制建设,做好水利生产安全事故统计分析和预防应对工作,水利部办公厅依据《生产安全事故报告和调查处理条例》(国务院令第393号),制定《关于完善水利行业生安全事故统计快报和月报制度的通知》(办安监〔2009〕112号)

2. 主要规定

(1) 事故统计报告范围

1) 事故快报范围

各级水行政主管部门、水利企事业单位在生产经营活动中以及其负责安全生产监管的水利水电在建、已建工程等生产经营活动中发生的特别重大、重大、较大和造成人员死亡的一般事故以及非超标准洪水渔坝等严重危及公共安全、社会影响重大的涉险事故。

2) 事故月报范围

各级水行政主管部门,水利企事业单位在生产经营活动中以及其负责安全生产监管的水利水电在建、已建工程等生产经营活动中发生的造成人员死亡、重伤(包括急性工业中毒)或者直接经济损失在100万元以上的生产安全事故。

(2) 事故统计报告内容

1) 事故快报内容

① 事故发生的时间(年、月、日、时、分)、地点[省(自治区、直辖市)、市(地)、县(市)乡(镇)];

② 发生事故单位的名称、主管部门和参建单位资质等级情况;

③ 事故的简要经过及原因初步分析;

④ 事故已经造成和可能造成的伤亡人数(死亡、失踪、被困、轻伤、重伤、急性工业中毒等)初步估计事故造成的直接经济损失;

⑤ 事故抢救进展情况和采取的措施;

⑥ 其他应报告的有关情况。

2) 事故月报内容

按照《水利行业生产安全事故月报表》的内容填写水利生产安全事故基本情况,包括事故发生的时间和单位名称、单位类型、事故死亡和重伤人数(包括急性工业中毒)、事故类别、事故原因、直接经济损失和事故简要情况等。

(3) 事故统计报告时限

1) 事故快报时限

发生快报范围内的事故后,事故现场有关人员应立即报告本单位负责人。事故单位负责人接到事部门报告政主管部门接到报告后,立即报告上级水行政主管部门,每级上报的时间不得超过2小时。情况紧急时,事故现场有关人员可以直接向事故发生地县级以上水行政主管部门报告。有关单位和水行政主管部门也可以越级上报。

部直属单位和各省（自治区、直辖市）水行政主管部门接到事故报告后，要在 2 小时内报送至水利部安全监督司（非工作时间报水利部总值班室）。对事故情况暂时不清的，可先报送事故概况，及时跟踪并将新情况续报。自事故发生之日起 30 日内（道路交通事故、火灾事故自发生之日起 7 日内），事故造成的伤亡人数发生变化或直接经济损失发生变动，应当重新确定事故等级并及时补报。

2）事故月报时限和方式

部直属单位，各省（自治区、直辖市）和计划单列市水行政主管部门于每月 6 日前，将上月本地区、本单位《水利行业生产安全事故月报表》以传真和电子邮件的方式报送水利部安全监督司。事故月报实行零报告制度，当月无生产安全事故也要按时报告。

三、《建筑施工特种作业人员管理规定》

该规定由住房和城乡建设部于 2008 年 4 月 18 日以建质〔2008〕75 号文印发，自 2008 年 4 月 18 日起施行。该规定主要内容：

1）适用范围：建筑施工特种作业人员的考核、发证、从业和监督管理，适用本规定。

2）建筑施工特种作业包括：建筑电工；建筑架子工；建筑起重信号司索工；建筑起重机械司机；建筑起重机械安装拆卸工；高处作业吊篮安装拆卸工；经省级以上人民政府建设主管部门认定的其他特种作业。

3）考核和持证上岗：建筑施工特种作业人员必须经建设主管部门考核合格，取得建筑施工特种作业人员操作资格证书，方可上岗从事相应作业。

规定还规定了考核、从业、延期复核和监督管理等内容。

四、《建筑施工企业负责人及项目负责人施工现场带班暂行办法》

制定本办法是为贯彻落实《国务院关于进一步加强企业安全生产工作的通知》（国发〔2010〕23 号），切实加强建筑施工企业及施工现场质量安全管理工作。

建筑施工企业负责人，是指企业的法定代表人、总经理、主管质量安全和生产工作的副总经理、总工程师和副总工程师。项目负责人，是指工程项目的项目经理。

建筑施工企业应当建立企业负责人及项目负责人施工现场带班制度，并严格考核。企业负责人带班检查是指由建筑施工企业负责人带队实施对工程项目质量安全生产状况及项目负责人带班生产情况的检查。项目负责人带班生产是指项目负责人在施工现场组织协调工程项目的质量安全生产活动。

建筑施工企业负责人要定期带班检查，每月检查时间不少于其工作日的 25％。建筑施工企业负责人带班检查时，应认真做好检查记录，并分别在企业和工程项目存档备查。工程项目进行超过一定规模的危险性较大的分部分项工程施工时，建筑施工企业负责人应到施工现场进行带班检查。

项目负责人是工程项目质量安全管理的第一责任人，应对工程项目落实带班制度负责，并且项目负责人在同一时期只能承担一个工程项目的管理工作。项目负责人带班生产时，要全面掌握工程项目质量安全生产状况，加强对重点部位、关键环节的控制，及时消除隐患。要认真做好带班生产记录并签字存档备查。项目负责人每月带班生产时间不得少于本月施工时间的80%。因其他事务需离开施工现场时，应向工程项目的建设单位请假，经批准后方可离开。离开期间应委托项目相关负责人负责其外出时的日常工作。

五、《建筑起重机械备案登记办法》

该办法由住房和城乡建设部于2008年4月18日以建质〔2008〕76号文印发，自2008年6月1日起施行。办法主要从主管部门的职责和起重机械出租、安装、使用单位的备案登记方面做出了具体规定，包括建筑起重机械备案、安装（拆卸）告知和使用登记。

六、《施工现场安全防护用具及机械设备使用监督管理规定》

该规定由建设部、国家工商行政管理局和国家质量技术监督局联合于1998年9月4日以建〔1998〕164号文印发，自1998年10月1日起施行。

1) 明确了建筑施工现场安全防护用具及机械设管理范围

施工现场安全防护用具及机械设备包括在施工现场上使用的安全防护用品、安全防护设施、电气产品、架设机具和施工机械设备。

2) 明确了各职能部门的管理职责

① 各级建设行政主管部门负责对施工现场安全防护用具及施工机械设备的使用实施监督管理，具体监督管理工作可以委托所属的建筑安全监督管理机构负责实施。

建筑安全监督管理机构对建筑施工企业或者施工现场使用的安全防护用具及机械设备，进行定期或者不定期的抽检，发现不合格产品或者技术指标和安全性能不能满足施工安全需要的产品，必须立即停止使用，并清除出施工现场。

② 工商行政管理机关负责查处市场管理和商标管理中发现的经销掺假或假冒的安全防护用具及机械设备。

③ 质量技术监督机关负责查处生产和流通领域中安全防护用具及机械设备的质量违法行为。

④ 对于违反规定的生产、销售单位和建筑施工企业，由建设、工商行政管理、质量技术监督行政主管部门根据各自的职责，依法作出处罚。

3) 明确了销售安全防护用具及机械设备的单位应提供的资料

① 检测合格证明；

② 产品的生产许可证（指实行生产许可证的产品）和出厂产品合格证；

③ 产品的有关技术标准、规范；

④ 产品的有关图纸及技术资料；

⑤ 产品的技术性能、安全防护装置的说明。

七、《建筑施工人员个人劳动保护用品使用管理暂行规定》

该规定由原建设部于 2007 年 11 月 5 日以建质〔2007〕255 号文印发，自印发之日起施行。主要从企业的职责、施工作业人员的权利、监理单位的监督、建设单位的义务以及建设行政主管部门的职责方面做出了具体规定。凡从事建筑施工活动的企业和个人，劳动保护用品的采购、发放、使用、管理等必须遵守该规定。

八、《企业安全生产费用提取和使用管理办法》

2012 年 2 月 14 日，财政部、安全监管总局以财企〔2012〕16 号文印发，该办法规定主要内容：

1）适用范围：在中华人民共和国境内直接从事煤炭生产、非煤矿山开采、建设工程施工、危险品生产与储存、交通运输、烟花爆竹生产、冶金、机械制造、武器装备研制生产与试验（含民用航空及核燃料）的企业以及其他经济组织（以下简称企业）适用本办法。

2）安全费用含义和管理原则：本办法所称安全生产费用（以下简称安全费用）是指企业按照规定标准提取在成本中列支，专门用于完善和改进企业或者项目安全生产条件的资金。

安全费用按照"企业提取、政府监管、确保需要、规范使用"的原则进行管理。

3）安全费用的提取标准：建设工程施工企业以建筑安装工程造价为计提依据。各建设工程类别安全费用提取标准如下：

① 矿山工程为 2.5%；

② 房屋建筑工程、水利水电工程、电力工程、铁路工程、城市轨道交通工程为 2.0%；

③ 市政公用工程、冶炼工程、机电安装工程、化工石油工程、港口与航道工程、公路工程、通信工程为 1.5%。

建设工程施工企业提取的安全费用列入工程造价，在竞标时，不得删减，列入标外管理。国家对基本建设投资概算另有规定的，从其规定。

总包单位应当将安全费用按比例直接支付分包单位并监督使用，分包单位不再重复提取。

4）安全费用的使用：建设工程施工企业安全费用应当按照以下范围使用：

① 完善、改造和维护安全防护设施设备支出（不含"三同时"要求初期投入的安全设施），包括施工现场临时用电系统、洞口、临边、机械设备、高处作业防护、交叉作业防护、防火、防爆、防尘、防毒、防雷、防台风、防地质灾害、地下工程有害气体监测、通风、临时安全防护等设施设备支出；

② 配备、维护、保养应急救援器材、设备支出和应急演练支出；

③ 开展重大危险源和事故隐患评估、监控和整改支出；

④ 安全生产检查、评价（不包括新建、改建、扩建项目安全评价）、咨询和标准化建设支出；

⑤ 配备和更新现场作业人员安全防护用品支出；

⑥ 安全生产宣传、教育、培训支出；

⑦ 安全生产适用的新技术、新标准、新工艺、新装备的推广应用支出；

⑧ 安全设施及特种设备检测检验支出；

⑨ 其他与安全生产直接相关的支出。

2.7 山东省水利水电工程建设相关法规及规范性文件

2.7.1 山东省委省政府关于深入推进安全生产领域改革发展的实施意见

山东省委省政府出台《关于深入推进安全生产领域改革发展的实施意见》，明确安全生产各级各部门党政同责，明确安全生产行政执法职能；要求：强化安全生产风险管控和隐患排查治理，建立岗前强制性安全培训制度，完善安全生产应急救援体系，健全社会化安全服务体系，加强宣传教育和社会化监督；同时要严格考核和责任追究、严格安全生产惩戒和激励制度。

为深入贯彻落实《中共中央、国务院关于推进安全生产领域改革发展的意见》（中发〔2016〕32号）精神，现结合我省实际，提出如下实施意见。

一、总体要求

（一）指导思想。坚持以习近平新时代中国特色社会主义思想为指导，全面贯彻落实党的十九大精神，进一步增强"四个意识"，紧紧围绕统筹推进"五位一体"总体布局和协调推进"四个全面"战略布局，弘扬生命至上、安全第一的思想，坚守发展决不能以牺牲安全为代价这条不可逾越的红线，坚持安全发展、改革创新、依法监管、源头防范、风险管控、系统治理原则，依靠严密的责任体系、严格的法治措施、有效的体制机制、有力的基础保障、科学的风险管控和完善的系统治理，深入推进我省安全生产领域改革发展。强化企业安全生产主体责任，增强安全防范治理能力，为建设经济文化强省提供坚实的安全生产保障。

（二）总体目标。到2020年，达到与全面建成小康社会目标相适应的安全保障水平。

生产安全事故得到有效控制。以2015年为基数，全省生产安全事故死亡人数下降10%，较大事故起数下降40%，有效遏制重特大事故；亿元国内生产总值生产安全事故死亡率下降30%；千人就业人员死亡率下降15%；道路交通万车死亡率下降7%；

煤矿百万吨死亡率控制在 0.3 以下；职业病危害防治取得积极进展。

安全发展水平明显提高。安全生产责任体系更加严密，安全监管体制机制更加完善，安全生产法规标准体系更加健全，安全意识和法治观念明显增强，企业安全生产主体责任全面落实，风险分级管控与隐患排查治理体系建立完成，重点行业领域安全生产转型升级取得重大成效，全省安全生产整体水平明显提升。

到 2030 年，实现安全生产治理体系和治理能力现代化，全民安全文明素质全面提升，安全生产保障能力显著增强。

二、进一步健全完善安全生产责任体系

（三）落实党委和政府领导责任。制定党政领导干部安全生产责任制规定。党政主要负责人同为本地安全生产第一责任人，班子其他成员对分管范围内的安全生产工作负领导责任。各级党委每年召开常委会会议听取安全生产工作汇报，定期研究决定安全生产重大问题。把安全生产纳入经济社会发展综合考核评价体系，严格安全生产履职绩效考核。发挥人大对安全生产工作的监督促进作用、政协对安全生产工作的民主监督作用。动员工会、共青团、妇联等群团组织和社会各界积极参与、支持、监督安全生产工作。

各级政府要把安全生产工作纳入本地国民经济和社会发展规划。每季度至少召开一次政府常务会议，分析研判安全生产形势，研究部署安全生产工作，落实属地管理责任。各级安全生产委员会主任由政府主要负责人担任，党委、政府班子相关成员担任副主任，成员由党委、政府相关部门主要负责人组成。

（四）明确属地管理责任。安全生产监督管理实行市、县两级政府属地管理和部门监管相结合，以属地管理为主。实行"网格化、实名制"管理，对辖区内所有生产经营单位都要明确和落实属地管理及部门监管责任。中央驻鲁和省管企业按照分级、属地管理原则，由省、市、县（市、区）负有安全生产监督管理职责的部门、相关国有资产监管部门和市、县（市、区）政府共同监管。中央驻鲁煤矿企业由市级以上煤矿安全监管部门负责监管。

（五）明确部门监管责任。严格落实管行业必须管安全、管业务必须管安全、管生产经营必须管安全的原则。机构编制、法制、安全生产监督管理等部门负责厘清和明确省政府组成部门、直属特设机构、直属机构和部门管理机构的安全生产与职业健康工作职责，并落实到部门工作职责规定中。

（六）严格落实企业主体责任。企业必须严格履行安全生产法定责任，实行企业全员安全生产责任制度，建立健全自我约束、持续改进的内生机制。法定代表人和实际控制人同为安全生产第一责任人。按照规定设立企业安全总监，行使企业副职职权管理安全生产。按照公司章程，落实混合所有制企业及跨地、多层级和境外中资企业投资主体的安全生产责任。建立企业安全生产考核结果与薪酬挂钩制度。国有企业要发挥安全生产工作示范带头作用，自觉接受属地管理。

三、改革安全监管监察体制

（七）完善监督管理体制。加强安全生产委员会办公室建设，各级安全生产委员会办公室设在安全生产监督管理部门，履行综合监督管理职责。加强安全生产监督管理部门建设，强化安全生产综合监管力量。健全安全生产监管体制，负有安全生产监督管理和行业安全管理职责的部门应当明确监管机构，配备专业监管人员，依法承担安全生产与职业健康监督管理职责。

（八）改革重点行业领域安全监管监察体制。依托国家煤矿安全监察体制，加强非煤矿山安全生产监管监察。承接做好国家煤矿安全监察机构移交的煤矿安全生产行政许可事项。山东海事局、民航山东监管局、济南铁路局集团公司与相关铁路管理部门、山东能源监管办、省通信管理局、省邮政管理局等部门要按照法定职责履行沿海7市水上交通、航空运输及机场、铁路交通、电力、电信、邮政等领域的专项安全监管职责。经济和信息化部门指导电力企业安全生产工作，交通运输部门做好省辖内河通航水域安全监管工作，地方政府履行属地安全管理责任。

（九）进一步完善监管执法机构。省、市、县（市、区）党委、政府要将安全生产监督管理机构作为政府工作部门和行政执法机构。其他负有安全生产监督管理职责的部门加强本行业安全行政执法工作。各类开发区、工业园区、港区、风景区等功能区应按照规定要求设置安全生产监管机构，委托开展安全生产执法，或由安全生产监督管理部门派驻监管执法。乡镇（街道）设立安全生产监督管理办公室，负责开展和配合做好监督检查和专项整治等工作。村（社区）设立安全生产检查员，发挥日常检查、宣传、报告等作用。

四、大力推进依法治理

（十）健全法规和标准体系。各设区的市要根据立法法的精神，加强安全生产地方性法规建设。加强安全生产和职业健康法规规章衔接融合。制定完善高危行业领域安全规程和强制性标准。省安全生产监督管理部门、省级煤矿安全监察机构负责生产经营单位职业病危害预防治理地方标准的制定工作，统筹提出安全生产地方标准立项计划；有关部门按照职责分工组织起草、审查、实施和监督执行；省标准化行政主管部门及时立项、编号、对外通报、批准并发布。

（十一）加大监管执法力度和执法监督。加强事中事后安全监管和执法。依法运用停产停业、停止使用、暂扣或者吊销安全生产许可证和有关经营许可证、罚款、查封或扣押等行政措施，严格查处各类安全生产违法违规行为，涉嫌犯罪的移送司法机关依法处理。建立行政执法和刑事司法衔接制度，负有安全生产监督管理职责的部门要加强与公安、法院、检察院等协调配合，完善安全生产违法线索通报、案件移送与协查机制。各级人大常委会加强对安全生产法律法规实施情况监督，适时开展执法检查、专题询问。各级政协围绕安全生产突出问题开展民主监督和协商调研。实行执法处罚结果向社会公开制度。健全领导干部非法干预安全生产监管执法的记录、通报和责任追究制度。各级党委、政府及有关部门要支持和保护安全生产监管执法人员履行监管执法职责。

（十二）加强监管执法力量建设。统筹加强安全监管力量，重点充实市、县两级安全生产监管执法人员，制定《基层安全生产监管执法管理规范》。保持乡镇（街道）监管执法干部相对稳定，合理调配行政、事业领导职数；落实乡镇（街道）安全监管事业人员岗位聘用、职级晋升和职称评审政策，吸引和鼓励更多的优秀人员从事安全监管工作。

（十三）健全监管执法装备保障体系。制定安全生产监管执法能力建设规划，明确监管执法装备及现场执法和应急救援用车配备标准。建立完善负有安全生产监督管理职责的部门监管执法经费保障机制，将监管执法经费纳入同级财政全额保障范围。各级安全生产监管机关中符合条件人员按国家规定享受岗位津贴。按照国家规定的样式和标准，统一配发安全生产执法标志标识和制式服装。

五、建立安全生产预防控制体系

（十四）强化源头预防控制。各级政府要建立完善安全风险评估与论证机制，高危项目审批必须把安全生产作为前置条件，城乡规划布局、设计、建设、管理等各项工作必须以安全为前提，实行重大安全风险"一票否决"。严格落实部门安全生产行政许可责任，谁审批、谁负责、谁发证、谁负责，对不符合法定条件的许可事项准予许可的，依法严肃追究有关人员责任。紧密结合供给侧结构性改革，综合运用安全、环保、节约、质量等手段，倒逼化工、矿山等企业提升安全生产水平。制定高危行业从业人员准入标准，特别是对危险化学品生产企业主要负责人、分管安全负责人、分管技术负责人的从业条件进行规范，建立准入制度。建立岗前强制性安全培训制度。强化农民工安全培训教育。

（十五）强化安全风险管控。制定各行业安全风险分级管控地方标准。督促企业严格落实安全风险管控主体责任，对排查确认的风险点，要逐一明确管控层级（公司、车间、班组、岗位）和管控责任、管控措施。鼓励安全风险管控标杆企业建立市场化运作的风险管控推广服务机构。利用风险分级管控和隐患排查治理网上巡察平台，对重大风险点实施动态监控和事故预警。

（十六）强化隐患排查治理。树立"隐患就是事故"的观念，对于隐患整改不到位的单位和相关责任人通报批评，公开曝光，严肃问责。建立重大隐患清单管理和挂牌督办制度，对重大隐患整改不到位的企业，依法采取停产停业、停止施工、停止供电和查封扣押等强制措施，按规定给予经济处罚，对涉嫌犯罪的移送司法机关依法处理。落实事故隐患举报奖励制度，奖励经费列入部门财政预算。

（十七）加强城市运行安全保障和重点领域工程治理。各级政府组织住房城乡建设、规划、公安消防和交通管理、气象、地震、人防、水利、供电、热力和燃气等管理部门，加强城市规划安全风险的前期分析，建立合理规划、有序实施、协调管理、预防治本的城市安全体系。提高基础设施安全配置标准，重点加强城市高层建筑、大型综合体、隧道桥梁、管线管廊、轨道交通、燃气、电力设施及电梯、游乐设施、大型户外广告、玻璃幕墙等的安全检测和维护。加强高速铁路、跨海大桥、海底隧道、铁路浮桥、航运枢纽、港口等防灾监测、安全检测和防护系统建设。严格执行长途客运车辆、旅游客车、危险物品运输车辆、校车和船舶生产制造标准，提高安全性能，强制安装智能视频监控报警、防碰撞和整车整船安全运行监管技术装备，对已运行的要加快安全技术装备改造升级。

（十八）完善安全生产应急救援管理体系。明确各级安全生产应急救援行政管理机构，强化安全生产应急救援指导协调、综合管理、执法检查等工作。健全完善专项应急救援预案和现场处置方案。定期组织开展政企联合、社企联动、多部门协作的应急救援演练。建立矿山钻探、危险化学品泄漏处置等专业抢险工程队伍。配备和储备大型先进救援装备、应急物资、紧急运输和应急通信设备。加强应急救援队伍标准化建设。建立救援队伍社会化服务补偿机制，鼓励专业救援队伍与相关企业签订服务协议。

（十九）建立完善职业病防治体系。坚持管安全生产必须管职业健康原则，建立安全生产和职业健康一体化监管执法体制。各级安全生产监督管理部门建立职业健康监管机构，配备职业健康专业人员。加强职业病诊断鉴定、职业健康体检机构建设，建立完善职业病临床质控网络、职业病信息监测报告网络。建立部门间职业病防治数据共享机制。用人单位要积极采用有利于保护劳动者生命健康的新技术、新工艺、新材料和新设备。鼓励用人单位与职业健康技术服务机构和相关专业医师签约，提供职业健康服务。做好依法取得职业病诊断证明书或者职业病诊断鉴定书职工的工伤认定，按规定落实工伤职工待遇。扩大职业病患者救治范围，将职业病失能人员纳入社会保障范围，对符合条件的职业病患者落实医疗与生活保障及救助措施。

六、加强安全基础保障能力建设

（二十）完善安全投入机制。加强省、市、县（市、区）财政安全生产预防及应急相关资金使用管理，加大安全生产与职业健康投入，强化审计监督，积极支持安全生产工作。按照规定落实安全生产专用设备企业所得税优惠政策。严格执行企业安全生产费用提取管理使用制度。健全投融资服务体系，促进安全产业发展。建立完善安全生产责任保险制度，加强安全生产责任保险市场监管，切实发挥保险机构参与风险评估管控和事故预防能力。完善工伤保险制度，积极开展工伤预防。

（二十一）建立科技支撑体系。依托高等院校、科研院所、大型企业等，加快重点行业领域事故防范技术研究中心和安全生产装备研发基地及博士后科研工作站等安全科技支撑体系建设，推动工业机器人、智能装备在危险工序和环节广泛应用。加强省、市、县三级安全生产与职业健康技术服务机构等支撑体系建设。提升现代信息技术与安全生产融合度，统一标准规范，推进安全生产风险分级管控和隐患排查治理信息系统等信息化建设。

（二十二）健全社会化服务体系。建立政府购买安全生产服务制度，将安全生产社会化服务列入鼓励创业的指导性目录。发挥科研院校、中介机构和工程技术人员作用，对工艺复杂、专业性强的企业进行安全检查。鼓励企业购买安全生产管理和技术服务。探索建立安全生产社会化服务信息平台，推动服务需求和供给资源的共享对接。支持相关机构开展安全生产和职业健康一体化评价等技术服务。

（二十三）加强宣传教育和社会化监督。将安全生产监督管理专题培训纳入各级党政领导干部教育培训计划。把安全知识普及纳入国民教育。推动高等院校开展安全复合型人才培养工作。加强安全生产公益宣传。建立安全生产警示教育基地，开展安全生产科技、知识、应急避险体验活动。深化安全文化建设。健全新闻媒体和社会公众参与的安全生产监督机制。鼓励开展安全生产与职业健康志愿服务和慈善事业。

七、健全完善安全生产问责与激励机制

（二十四）严格事故报告和调查处理。严格事故直报制度，各有关部门在接到有关事故报告后，应及时向同级安全生产委员会办公室报告，对瞒报、谎报、漏报、迟报事故的单位和个人依法依规追责。制定失职追责实施办法，明确追责边界。事故调查组组长由政府负责人或有关部门主要负责人担任。所有事故调查报告要设立技术和管理问题专篇，详细分析原因，并全文公布。监察机关和司法机关要根据技术和管理问题专篇追究企业主体责任及相关单位责任人员的责任。充分发挥事故查处对加强和改进安全生产工作的促进作用，建立事故暴露问题整改和责任追究执行情况跟踪督办制度。

（二十五）严格考核和责任追究。加大安全生产在社会治安综合治理、精神文明建设等考核中的权重。实行党政领导干部任期安全生产责任制，建立健全安全生产绩效考核结果与履职评定、职务晋升、奖励惩处挂钩制度，加强履职过程考核监督。制定安全生产权力清单、责任清单。对安全生产年度目标责任考核不合格的地方和单位，在评先评优中"一票否决"。发生特大生产安全事故的市、发生重大生产安全事故的县（市、区）、发生较大及以上生产安全事故的乡镇（街道）年度内不能参加评先树优活动，党委、政府主要负责人1年内不予提拔重用。发生较大及以上生产安全事故或连续发生生产安全死亡事故的国有（控股）企业领导班子不能享受年终考核奖励，主要负责人不能参加当年评先树优活动。

（二十六）严格安全生产惩戒和激励制度。建立企业安全生产不良记录"黑名单"制度和失信行为惩戒机制，加大对失信企业的联合惩治力度。对事故处理中被追究刑事责任的生产经营人员实施相应的职业禁入,对发生事故负有重大责任的社会服务机构和人员依法严肃追究法律责任,并实施相应的行业禁入。在安全生产领域改革创新、防止事故、事故抢险、监管执法、风险管控和隐患排查治理等工作中成绩突出的,应按照有关规定给予表彰奖励。要从政治、生活上关心安全生产监管执法人员,为担当者担当,为负责者负责。

本实施意见自 2018 年 1 月 23 日起施行。此前发布的有关文件规定,凡与本实施意见不一致的,按照本实施意见执行。

2.7.2 《山东省安全生产条例》

《山东省安全生产条例》2017 年 1 月 18 日山东省第十二届人民代表大会常务委员会第二十五次会议通过,自 2017 年 5 月 1 日起施行。2006 年 3 月 30 日山东省第十届人民代表大会常务委员会第十九次会议通过的《山东省安全生产条例》同时废止。内容如下:

第一章 总 则

第一条 为了加强安全生产工作,防止和减少生产安全事故,保障人民群众生命和财产安全,促进经济社会持续健康发展,根据《中华人民共和国安全生产法》等法律、行政法规,结合本省实际,制定本条例。

第二条 在本省行政区域内从事生产经营活动的企业、事业单位、个体经济组织等单位(以下统称生产经营单位)的安全生产以及相关监督管理,适用本条例;法律、行政法规另有规定的,适用其规定。

第三条 安全生产工作应当以人为本,坚持安全发展、源头防范,坚持安全第一、预防为主、综合治理的方针。

安全生产工作应当以属地监管为主,并遵循管行业必须管安全、管业务必须管安全、管生产经营必须管安全的原则。

第四条 县级以上人民政府应当加强对安全生产工作的领导,根据国民经济和社会发展规划制定安全生产规划并组织实施,明确部门安全生产工作职责,支持、督促有关部门依法履行安全生产监督管理职责。

乡镇人民政府、街道办事处、开发区管理机构应当设立或者明确安全生产监督管理机构,加强对本行政区域内安全生产工作的监督检查,并协助上级人民政府有关部门依法履行安全生产监督管理职责。

乡镇人民政府、街道办事处应当指导村民委员会、居民委员会落实安全生产措施,推进安全社区建设。

第五条 县级以上人民政府安全生产监督管理部门依法对本行政区域内的安全生产工作实施综合监督管理;其他有关部门在各自职责范围内,依法对有关行业、领域的安全生产工作实施监督管理。

安全生产监督管理部门和对有关行业、领域的安全生产工作实施监督管理的部门，统称负有安全生产监督管理职责的部门。

第六条 生产经营单位应当建立健全全员安全生产责任制和安全生产规章制度，推进安全生产标准化建设，执行保障安全生产的国家标准、行业标准和地方标准，承担安全生产主体责任。

第七条 县级以上人民政府及其有关部门应当鼓励和支持安全生产科学技术研究、专业技术和技能人才培养，推广应用先进的安全生产技术、管理经验和科技成果，增强事故预防能力，提高安全生产管理水平。

第八条 各级人民政府及有关部门应当采取多种形式，加强安全生产法律法规和安全生产知识的宣传，推动安全文化建设，增强全社会的安全生产意识。

新闻、出版、广播、电影、电视、网络等媒体应当加强对社会公众的安全生产公益宣传教育，对安全生产违法行为进行舆论监督。

第九条 县级以上人民政府及其有关部门对在改善安全生产条件、防止生产安全事故、参加抢险救护、报告重大事故隐患、举报安全生产违法行为、研究和推广安全生产科学技术与先进管理经验等方面取得显著成绩的单位和个人，按照有关规定给予表彰和奖励。

第二章 生产经营单位的安全生产保障

第十条 生产经营单位应当具备法律、法规和国家标准、行业标准或者地方标准规定的安全生产条件；不具备安全生产条件的，不得从事生产经营活动。

第十一条 生产经营单位的主要负责人依法履行安全生产工作职责，对安全生产工作全面负责，其他负责人对职责范围内的安全生产工作负责。

主要负责人包括对本单位生产经营负有全面领导责任的法定代表人、实际控制人以及其他主要决策人。

第十二条 生产经营单位应当制定本单位安全生产管理制度和安全操作规程，依法保障从业人员的生命安全，不得有下列行为：

（一）违章指挥、强令或者放任从业人员冒险作业；

（二）超过核定的生产能力、生产强度或者生产定员组织生产；

（三）违反操作规程、生产工艺、技术标准或者安全管理规定组织作业；

（四）拒不执行安全生产行政执法决定。

第十三条 矿山、金属冶炼、道路运输、建筑施工单位，危险物品的生产、经营、储存、装卸、运输单位和使用危险物品从事生产并且使用量达到规定数量的单位（以下简称高危生产经营单位）以及其他生产经营单位，应当按照规定设置安全生产管理机构或者配备安全生产管理人员。

第十四条 从业人员在三百人以上的高危生产经营单位和从业人员在一千人以上的其他生产经营单位，应当按照规定设置安全总监，并建立安全生产委员会。

安全总监专项分管本单位安全生产管理工作，安全生产委员会负责协调、解决本单位有关安全生产工作的重大事项。

第十五条 生产经营单位的主要负责人和安全生产管理人员，应当具备与所从事的生产经营活动相适应的安全生产知识和管理能力；高危生产经营单位的主要负责人和安全生产管理人员，应当由主管的负有安全生产监督管理职责的部门对其考核合格。考核不得收费。

第十六条 生产经营单位应当依法对从业人员、被派遣劳动者、实习学生进行安全生产教育和培训，未经安全生产教育和培训合格的不得上岗作业。

生产经营单位可以自主组织培训，也可以委托具备安全生产培训条件的机构进行培训。生产经营单位委托培训的，应当对培训工作进行监督，保证培训质量。

第十七条 生产经营单位应当确保本单位具备安全生产条件所必需的资金投入，并按照规定提取安全生产费用，专项用于安全生产。

生产经营单位应当按照国家标准、行业标准或者地方标准为从业人员无偿提供合格的劳动防护用品，并督促、检查、教育从业人员正确佩戴和使用。

第十八条 生产经营单位新建、改建、扩建工程项目的，其安全设施应当与主体工程同时设计、同时施工、同时投入生产和使用。

矿山、金属冶炼和用于生产、储存、装卸危险物品的建设项目的安全设施设计，应当按照国家有关规定报经有关部门审查；设计单位应当对其安全设施设计负责。建设项目竣工投入生产或者使用前，建设单位应当依法对安全设施进行验收，验收可以聘请专家参与，专家应当对其出具的验收结果负责；负有安全生产监督管理职责的部门应当对建设单位验收活动和验收结果进行监督核查。

第十九条 生产经营单位应当建立安全生产风险分级管控制度，定期进行安全生产风险排查，对排查出的风险点按照危险性确定风险等级，对风险点进行公告警示，并采取相应的风险管控措施，实现风险的动态管理。

第二十条 生产经营单位应当建立健全生产安全事故隐患排查治理制度。对一般事故隐患，应当立即采取措施予以消除；对重大事故隐患，应当采取有效的安全防范和监控措施，制定和落实治理方案及时予以消除，并将治理方案和治理结果向县（市、区）人民政府负有安全生产监督管理职责的部门报告。县级以上人民政府负有安全生产监督管理职责的部门应当按照管理权限，对重大事故隐患治理情况进行督办。

生产经营单位应当将事故隐患排查治理情况向从业人员通报；事故隐患排除前和排除过程中无法保证安全的，应当从危险区域内撤出人员，疏散周边可能危及的其他人员，并设置警戒标志。

第二十一条 生产经营单位应当完善安全生产管理信息系统，对风险点和事故隐患进行实时监控并建立预报预警机制，利用信息技术加强安全生产能力建设。

第二十二条 高危生产经营单位应当建立安全生产承诺公告制度，对本单位有较大危险因素的生产经营场所和设施、设备的安全运行状态以及风险点的安全可控状态进行承诺，并定期向社会公告。

第二十三条 高危生产经营单位应当建立并落实单位负责人现场带班制度，制定带班考核奖惩办法和工作计划，建立和完善带班档案并予以公告，接受从业人员监督。

带班负责人应当掌握现场安全生产情况，及时发现并妥善处置事故隐患；遇到危及人身安全的险情时，应当采取紧急措施，组织人员有序撤离，并进行妥善处置。

第二十四条 生产经营单位进行爆破、悬挂、挖掘、大型设备吊装、危险装置设备试生产、危险场所动火、有限空间、有毒有害、建筑物和构筑物拆除作业，以及临近油气管道、高压输电线路等危险作业，应当制定具体的作业方案和安全防范措施，确定专人进行现场作业的统一指挥，并指定安全生产管理人员进行现场安全检查和监督。

第二十五条 学校、幼儿园应当加强安全管理，将安全知识纳入教育教学内容，进行安全知识教育，制定事故应急救援预案并定期组织演练。

禁止生产经营单位接受中小学生和其他未成年人从事接触易燃、易爆、放射性、有毒、有害等危险物品的劳动或者其他危险性劳动。禁止生产经营单位利用学校、幼儿园场所从事易燃、易爆、放射性、有毒、有害等危险物品的生产、经营、储存活动或者作为机动车停车场。

第二十六条 生产经营单位应当依法参加工伤保险，为从业人员缴纳工伤保险费。

矿山、交通运输、危险化学品、烟花爆竹、建筑施工、民用爆炸物品、金属冶炼、渔业生产等行业和领域的生产经营单位应当根据国家规定实施安全生产责任保险制度。保险公司应当发挥参与风险评估管控和事故预防功能，提高保险服务质量。

第二十七条 承担安全评价、认证、检测、检验工作的机构及其从业人员，应当对其作出的安全评价、认证、检测、检验结果负责，并不得有下列行为：

（一）违反规定程序开展安全评价、认证、检测、检验等活动；

（二）倒卖、出租、出借或者以其他形式转让资质或者资格；

（三）转让、转包承接的服务项目；

（四）出具严重失实或者虚假的报告、证明等材料。

第二十八条 生产经营单位的从业人员有权了解其作业场所和工作岗位存在的危险因素、防范措施以及事故应急措施，对本单位安全生产工作中存在的问题可以提出批评、检举、控告；发现直接危及人身安全的紧急情况时，有权停止作业或者在采取可能的应急措施后撤离作业场所。

第三章 监督管理

第二十九条 县级以上人民政府应当根据本行政区域的安全生产状况，组织开展安全生产监督检查和重点行业领域专项整治，及时协调解决安全生产管理中的重大问题。

县级以上人民政府应当增加安全生产投入，按照规定执行安全生产监管监察岗位津贴，落实安全生产专项资金，并纳入年度财政预算。

第三十条 县级以上人民政府安全生产监督管理部门应当履行安全生产综合监管职责，负责指导协调、监督检查、巡查考核有关政府和部门的安全生产监督管理工作，并承担职责范围内行业领域安全生产监管执法职责。

第三十一条 县级以上人民政府负有安全生产监督管理职责的部门应当根据监督管理权限，制定安全生产年度监督检查计划，明确监督检查的方式、内容、措施和频次；对安全生产问题突出的生产经营单位进行重点检查，发现问题及时处理。

第三十二条 从事安全生产监督管理工作的人员在行政许可、监督检查、考核等工作中应当忠于职守、秉公执法，不得索取或者接受生产经营单位的财物，不得谋取其他利益；在执行监督检查任务时，应当佩戴安全防护用品，出示有效执法证件，由二人以上共同进行。

第三十三条 乡镇人民政府、街道办事处、开发区管理机构应当按照职责对本辖区生产经营单位安全生产状况进行监督检查，并可以采取以下措施：

（一）进入生产经营单位进行检查，调阅有关资料，向有关单位和人员了解情况；

（二）对检查中发现的安全生产违法行为，当场予以纠正或者要求限期改正，可以采取必要的应急措施，并及时报告负有安全生产监督管理职责的部门；

（三）对检查中发现的事故隐患，责令立即排除，生产经营单位拒不排除的，报告负有安全生产监督管理职责的部门；对发现的重大事故隐患，责令立即排除的同时，报告负有安全生产监督管理职责的部门。

负有安全生产监督管理职责的部门，接到前款规定报告后应当及时予以处理。

第三十四条 县级以上人民政府负有安全生产监督管理职责的部门应当建立安全生产违法信息库，并与企业信用信息公示系统、公共信用信息平台相衔接，推进安全生产信用信息资源共享；建立安全生产不良信用记录制度，对违法行为情节严重的生产经营单位，应当向社会公告，并通报有关部门以及金融机构。

第三十五条 省人民政府负有安全生产监督管理职责的部门可以在其法定职权范围内，将安全生产许可证审核事项委托设区的市人民政府负有安全生产监督管理职责的部门实施。

第四章 事故应急救援与调查处理

第三十六条 县级以上人民政府应当组织有关部门制定本行政区域生产安全事故

应急救援预案,建立应急救援体系,在重点行业、领域建立或者依托有条件的生产经营单位、社会组织共同建立应急救援基地或者专业应急救援队伍,增强应急救援处置能力,科学有效组织救援。

第三十七条　生产经营单位应当制定本单位生产安全事故应急救援预案,与所在地县级以上人民政府组织制定的生产安全事故应急救援预案相衔接。

生产安全事故发生后,生产经营单位应当立即启动应急救援预案。事故现场有关人员应当立即向本单位负责人报告,单位负责人接到报告后,应当于一小时内向事故发生地县级以上人民政府安全生产监督管理部门和其他有关的负有安全生产监督管理职责的部门报告;情况紧急时,事故现场有关人员可以直接向有关部门报告。

任何单位和个人对事故不得迟报、漏报、谎报或者瞒报。

第三十八条　生产安全事故发生后,县级以上人民政府应当按照国家、省关于事故等级和管理权限的有关规定,组织事故调查组进行调查,并做出处理。事故调查报告和事故处理情况应当依法向社会公布。

第三十九条　发生生产安全事故,造成生产经营单位的从业人员伤亡的,受伤人员和死亡者家属除依法享有工伤保险外,依照有关民事法律尚有获得赔偿权利的,有权提出赔偿要求。

第四十条　县级以上人民政府安全生产监督管理部门应当定期统计分析本行政区域内发生生产安全事故的情况,并向社会公布;其他负有安全生产监督管理职责的部门应当按照国家有关规定及时将本行业、领域的生产安全事故情况报送同级人民政府安全生产监督管理部门。

第五章　法律责任

第四十一条　违反本条例规定的行为,法律、行政法规已规定法律责任的,适用其规定。

第四十二条　违反本条例规定,生产经营单位有下列行为之一的,责令限期改正,可以处一万元以上五万元以下罚款;逾期未改正的,责令停产停业整顿,并处五万元以上十万元以下罚款,对其主要负责人、直接负责的主管人员和其他直接责任人员处一万元以上二万元以下罚款:

(一)未按照规定设置安全生产管理机构或者配备安全生产管理人员的;

(二)未按照规定设置安全总监、安全生产委员会的;

(三)高危生产经营单位的主要负责人或者安全生产管理人员,未按照有关规定经考核合格的;

(四)未按照规定提取和使用安全生产费用的;

(五)未按照规定建立落实安全生产风险分级管控制度的;

(六)未按照规定报告重大事故隐患治理方案和治理结果的;

（七）高危生产经营单位未按照规定执行单位负责人现场带班制度的。

第四十三条 生产经营单位违反本条例规定进行危险作业的，责令限期改正，可以处二万元以上十万元以下罚款；逾期未改正的，责令停产停业整顿，并处十万元以上二十万元以下罚款，对其主要负责人、直接负责的主管人员和其他直接责任人员处二万元以上五万元以下罚款。

第四十四条 违反本条例规定，生产经营单位接受中小学生和其他未成年人从事危险性劳动的，责令停止违法行为，限期迁出，并处一万元以上五万元以下罚款。

违反本条例规定，生产经营单位利用学校、幼儿园场所从事危险物品的生产、经营、储存活动或者作为机动车停车场的，责令停止违法行为，限期迁出，并处一万元以上五万元以下罚款。

第四十五条 违反本条例规定，生产经营单位有下列行为之一的，责令限期改正；逾期未改正的，责令停产停业整顿，并处五万元以上十万元以下罚款，对其直接负责的主管人员或者其他直接责任人员处一千元以上一万元以下罚款：

（一）违章指挥、强令或者放任从业人员冒险作业的；

（二）超过核定的生产能力、生产强度或者生产定员组织生产的；

（三）违反操作规程、生产工艺、技术标准或者安全管理规定组织作业的。

生产经营单位有前款规定的行为发生生产安全事故的，由安全生产监督管理部门对其直接负责的主管人员或者其他直接责任人员处一万元以上五万元以下罚款。

第四十六条 违反本条例规定，承担安全评价、认证、检测、检验工作的机构有下列行为之一的，责令改正，没收违法所得；违法所得在一万元以上的，并处违法所得二倍以上五倍以下罚款；没有违法所得或者违法所得不足一万元的，并处一万元以上五万元以下罚款；情节严重的，可以并处责令停业整顿，对其直接负责的主管人员和其他直接责任人员处一万元以上二万元以下罚款：

（一）违反规定程序开展安全评价、认证、检测、检验等活动的；

（二）倒卖、出租、出借或者以其他形式转让资质或者资格的；

（三）转让、转包承接的服务项目的；

（四）出具严重失实的报告、证明等材料的。

第四十七条 违反本条例规定，各级人民政府和负有安全生产监督管理职责的部门及其工作人员有下列行为之一的，对直接负责的主管人员和其他直接责任人员，依法给予处分；构成犯罪的，依法追究刑事责任：

（一）未依法履行行政许可职责，造成严重后果的；

（二）未依法履行监督管理职责导致发生生产安全事故的；

（三）未依法履行生产安全事故应急救援职责，造成严重后果的；

（四）对生产安全事故隐瞒不报、谎报或者拖延不报的；

（五）阻挠、干涉生产安全事故调查处理或者责任追究的；

（六）索取、接受生产经营单位的财物或者谋取其他利益的；

（七）其他滥用职权、玩忽职守、徇私舞弊的行为。

第四十八条 本条例规定的行政处罚，由安全生产监督管理部门和其他负有安全生产监督管理职责的部门按照职责分工决定。

县级以上人民政府安全生产监督管理部门根据工作需要，可以依照《中华人民共和国行政处罚法》的规定，委托符合条件的安全生产执法监察机构实施行政处罚。

第六章 附 则

第四十九条 本条例自2017年5月1日起施行。2006年3月30日山东省第十届人民代表大会常务委员会第十九次会议通过的《山东省安全生产条例》同时废止。

2.7.3 《山东省生产经营单位安全生产主体责任规定》

《山东省生产经营单位安全生产主体责任规定》，2013年2月2日山东省人民政府令第260号公布，根据2016年6月7日山东省人民政府令第303号第一次修订，根据2018年1月24日山东省人民政府令第311号第二次修订。内容如下：

第一条 为了落实生产经营单位安全生产主体责任，预防和减少生产安全事故，保障人民群众生命健康和财产安全，促进经济社会持续健康发展，根据《中华人民共和国安全生产法》《山东省安全生产条例》等法律、法规，结合本省实际，制定本规定。

第二条 在本省行政区域内的生产经营单位履行安全生产主体责任，适用本规定。法律、法规、规章另有规定的，从其规定。

第三条 本规定所称生产经营单位，是指从事生产或者经营活动的企业、事业单位、个体经济组织等组织。

第四条 生产经营单位是安全生产的责任主体，对本单位的安全生产承担主体责任。主体责任主要包括组织机构保障责任、规章制度保障责任、物质资金保障责任、教育培训保障责任、安全管理保障责任、事故报告和应急救援责任。

第五条 县级以上人民政府安全生产监督管理部门依法对生产经营单位履行安全生产主体责任实施综合监督管理；其他负有安全生产监管职责的部门负责职责范围内生产经营单位履行安全生产主体责任的监督管理。

安全生产监督管理部门和其他负有安全生产监督管理职责的部门，统称负有安全生产监督管理职责的部门。

第六条 生产经营单位应当建立、健全安全生产责任制度，实行全员安全生产责任制，明确生产经营单位主要负责人、其他负责人、职能部门负责人、生产车间（区队）负责人、生产班组负责人、一般从业人员等全体从业人员的安全生产责任，并逐级进行落实和考核。考核结果作为从业人员职务调整、收入分配等的重要依据。

本规定所称生产经营单位的主要负责人，包括董事长、总经理、个人经营的投资人以及对生产经营单位进行实际控制的其他人员。

第七条 生产经营单位应当依据法律、法规、规章和国家、行业或者地方标准，制定涵盖本单位生产经营全过程和全体从业人员的安全生产管理制度和安全操作规程。

安全生产管理制度应当涵盖本单位的安全生产会议、安全生产资金投入、安全生产教育培训和特种作业人员管理、劳动防护用品管理、安全设施和设备管理、职业病防治管理、安全生产检查、危险作业管理、事故隐患排查治理、重大危险源监控管理、安全生产奖惩、事故报告、应急救援，以及法律、法规、规章规定的其他内容。

第八条 生产经营单位的主要负责人是本单位安全生产的第一责任人，对落实本单位安全生产主体责任全面负责，具体履行下列职责：

（一）建立、健全本单位安全生产责任制；

（二）组织制定并督促安全生产管理制度和安全操作规程的落实；

（三）确定符合条件的分管安全生产的负责人、技术负责人；

（四）依法设置安全生产管理机构并配备安全生产管理人员，落实本单位技术管理机构的安全职能并配备安全技术人员；

（五）定期研究安全生产工作，向职工代表大会、职工大会或者股东大会报告安全生产情况，接受工会、从业人员、股东对安全生产工作的监督；

（六）保证安全生产投入的有效实施，依法履行建设项目安全设施和职业病防护设施与主体工程同时设计、同时施工、同时投入生产和使用的规定；

（七）组织建立安全生产风险管控机制，督促、检查安全生产工作，及时消除生产安全事故隐患；

（八）组织开展安全生产教育培训工作；

（九）依法开展安全生产标准化建设、安全文化建设和班组安全建设工作；

（十）组织实施职业病防治工作，保障从业人员的职业健康；

（十一）组织制定并实施事故应急救援预案；

（十二）及时、如实报告事故，组织事故抢救；

（十三）法律、法规、规章规定的其他职责。

生产经营单位分管安全生产的负责人协助主要负责人履行安全生产职责，技术负责人和其他负责人在各自职责范围内对安全生产工作负责。

第九条 矿山、金属冶炼、道路运输、建筑施工单位，危险物品的生产、经营、储存、装卸、运输单位和使用危险物品从事生产并且使用量达到规定数量的单位（以下简称高危生产经营单位），应当按照下列规定设置安全生产管理机构或者配备安全生产管理人员：

（一）从业人员不足 100 人的，应当配备专职安全生产管理人员；

（二）从业人员在 100 人以上不足 300 人的，应当设置安全生产管理机构，并配备 2 名以上专职安全生产管理人员，其中至少应当有 1 名注册安全工程师；

（三）从业人员在 300 人以上不足 1000 人的，应当设置专门的安全生产管理机构，并按不低于从业人员 5‰但最低不少于 3 名的比例配备专职安全生产管理人员，其中至少应当有 2 名注册安全工程师；

（四）从业人员在 1000 人以上的，应当设置专门的安全生产管理机构，并按不低于从业人员 5‰的比例配备专职安全生产管理人员，其中至少应当有 3 名注册安全工程师。

前款规定以外的其他生产经营单位，应当按照下列规定设置安全生产管理机构或者配备安全生产管理人员：

（一）从业人员不足 100 人的，应当配备专职或者兼职的安全生产管理人员；

（二）从业人员在 100 人以上不足 300 人的，应当配备专职安全生产管理人员；

（三）从业人员在 300 人以上不足 1000 人的，应当设置安全生产管理机构，并配备 2 名以上专职安全生产管理人员，其中至少应当有 1 名注册安全工程师；

（四）从业人员在 1000 人以上的，应当设置专门的安全生产管理机构，并按不低于从业人员 3‰的比例配备专职安全生产管理人员，其中至少应当有 2 名注册安全工程师。

法律、法规对生产经营单位设置安全生产管理机构或者配备安全生产管理人员另有规定的，从其规定。

生产经营单位使用劳务派遣人员从事作业的，劳务派遣人员应当计入该生产经营单位的从业人员人数。

第十条 生产经营单位的安全生产管理机构以及安全生产管理人员应当履行下列职责：

（一）组织或者参与拟订本单位安全生产规章制度、操作规程；

（二）参与本单位涉及安全生产的经营决策，提出改进安全生产管理的建议，督促本单位其他机构、人员履行安全生产职责；

（三）组织制定本单位安全生产管理年度工作计划和目标，并进行考核；

（四）组织或者参与本单位安全生产宣传教育和培训，如实记录安全生产教育培训情况；

（五）监督本单位安全生产资金投入和技术措施的落实；

（六）监督检查本单位对承包、承租单位安全生产资质、条件的审核工作，督促检查承包、承租单位履行安全生产职责；

（七）督促落实本单位重大危险源的安全管理，监督劳动防护用品的采购、发放、使用和管理；

（八）组织落实安全生产风险管控措施，检查本单位的安全生产状况，及时排查事故隐患，制止和纠正违章指挥、强令冒险作业、违反操作规程的行为，督促落实安全生产整改措施；

（九）组织或者参与本单位生产安全事故应急预案的制定、演练；

（十）法律、法规、规章以及本单位规定的其他职责。

第十一条 生产经营单位应当支持安全生产管理机构和安全生产管理人员履行管理职责，并保证其开展工作应当具备的条件。生产经营单位安全生产管理人员的待遇应当高于同级同职其他岗位管理人员的待遇。高危生产经营单位应当建立安全生产管理岗位风险津贴制度，专职安全生产管理人员应当享受安全生产管理岗位风险津贴，事业单位按国家有关规定执行。

高危生产经营单位分管安全生产的负责人或者安全总监、安全生产管理机构负责人和安全生产管理人员的任免，应当书面告知负有安全生产监督管理职责的主管部门。

第十二条 从业人员在 300 人以上的高危生产经营单位和从业人员在 1000 人以上的其他生产经营单位，应当设置安全总监。安全总监应当具备安全生产管理经验，熟悉安全生产业务，掌握安全生产相关法律法规知识。安全总监协助本单位主要负责人履行安全生产管理职责，专项分管本单位安全生产管理工作。

第十三条 从业人员在 300 人以上的高危生产经营单位和从业人员在 1000 人以上的其他生产经营单位，应当建立本单位的安全生产委员会。安全生产委员会由本单位的主要负责人、分管安全生产的负责人或者安全总监、相关负责人、专门的安全生产管理机构及相关机构负责人、安全生产管理人员和工会代表以及从业人员代表组成。生产经营单位的安全生产委员会负责组织、指导、协调本单位安全生产工作任务的贯彻落实，研究和审查本单位有关安全生产的重大事项，协调本单位各相关机构安全生产工作有关事宜。安全生产委员会每季度至少召开 1 次会议，会议应当有书面记录。

第十四条 生产经营单位与从业人员签订的劳动合同、聘用合同以及与劳务派遣单位订立的劳务派遣协议，应当载明有关保障从业人员劳动安全、防止职业病危害的事项。生产经营单位应当将工作过程中可能产生的职业病危害及其后果、职业病防护措施和待遇等如实告知从业人员，不得隐瞒或者欺骗。劳务派遣单位无能力或逃避支付劳务派遣人员工伤、职业病相关待遇的，由生产经营单位先行支付。

生产经营单位不得以任何形式与从业人员订立免除或者减轻其对从业人员因生产安全事故、职业病危害事故依法应当承担责任的协议。使用劳务派遣人员的生产经营单位应当将现场劳务派遣人员纳入本单位从业人员统一管理，履行安全生产保障责任，不得将安全生产保障责任转移给劳务派遣单位。

第十五条 生产经营单位将生产经营项目、场所、设备及交通运输工具发包或者出租的，应当对承包单位、承租单位的安全生产条件或者相应的资质进行审查，并签订专门的安全生产管理协议，或者在承包合同、租赁合同中约定有关的安全生产管理事项。对不具备安全生产条件或者相应资质的，不得发包、出租。生产经营单位对承包单位、承租单位的安全生产工作统一协调、管理，定期进行安全检查，发现安全问题的，应当及时督促整改。

发包或者出租给不具备安全生产条件或者相应资质的单位、个人，或者未与承包单位、承租单位签订安全生产管理协议、约定安全生产管理事项，发生生产安全事故的，生产经营单位应当承担主要责任，承包、承租单位承担连带赔偿责任。

第十六条 生产经营单位因改制、破产、收购、重组等发生产权变动的，在产权变动完成前，安全生产的相关责任主体不变；产权变动完成后，由受让方承担安全生产责任；受让方为两个以上的，由控股方承担安全生产责任。

第十七条 生产经营单位应当确保本单位具备安全生产条件所必需的资金投入，安全生产资金投入纳入年度生产经营计划和财务预算，不得挪作他用，并专项用于下列安全生产事项：

（一）完善、改造和维护安全防护及监督管理设施设备支出；

（二）配备、维护、保养应急救援器材、设备和物资支出，制定应急预案和组织应急演练支出；

（三）开展重大危险源和事故隐患评估、监控和整改支出；

（四）安全生产评估检查、专家咨询和标准化建设支出；

（五）配备和更新现场作业人员安全防护用品支出；

（六）安全生产宣传、教育、培训支出；

（七）安全生产适用的新技术、新标准、新工艺、新装备的推广应用支出；

（八）安全设施及特种设备检测检验支出；

（九）参加安全生产责任保险支出；

（十）其他与安全生产直接相关的支出。

生产经营单位应当按照国家和省有关规定建立安全生产费用提取和使用制度。

第十八条 生产经营单位发生生产安全事故，造成其从业人员死亡的，死亡者家属除依法获得工伤保险补偿外，事故发生单位还应当按照有关规定向其一次性支付生产安全事故死亡赔偿金。生产安全事故死亡赔偿金标准按照不低于本省上一年度城镇居民人均可支配收入的 20 倍计算。

生产经营单位按照有关规定参加安全生产责任保险的，发生生产安全事故，由承保公司按照保险合同的约定支付相应的赔偿金。

第十九条 生产经营单位应当推进安全生产技术进步，采用新工艺、新技术、新材料、新装备并掌握其安全技术特性，及时淘汰陈旧落后及安全保障能力下降的安全防护设施、设备与技术，不得使用国家明令淘汰、禁止使用的危及生产安全的工艺、设备。

第二十条 生产经营单位的生产、生活和储存区域之间应当保持规定的安全距离。生产、经营、储存、使用危险物品的车间、商店和仓库不得与员工宿舍在同一座建筑物内,并与员工宿舍、周边居民区及其他社会公共设施保持规定的安全距离。生产经营场所和员工宿舍应当设有符合紧急疏散要求、标志明显、保持畅通的安全出口和疏散通道。禁止封闭、堵塞生产经营场所或者员工宿舍的安全出口和疏散通道。

生产经营单位应当在危险源、危险区域设置明显的安全警示标志,配备消防、通讯、照明等应急器材和设施,并根据生产经营设施的承载负荷或者生产经营场所核定的人数控制人员进入。

第二十一条 生产经营单位应当按照国家和省有关规定,明确本单位各岗位从业人员配备劳动防护用品的种类和型号,为从业人员无偿提供符合国家、行业或者地方标准要求的劳动防护用品,并督促、检查、教育从业人员按照使用规则佩戴和使用。

购买和发放劳动防护用品的情况应当记录在案。不得以货币或者其他物品替代劳动防护用品,不得采购和使用无安全标志或者未经法定认证的特种劳动防护用品。

第二十二条 存在职业病危害的生产经营单位,应当按照有关规定及时申报本单位的职业病危害因素,并定期检测、评价。

对从事接触职业病危害的从业人员,生产经营单位应当按照有关规定组织上岗前、在岗期间和离岗时的职业健康检查,并将检查结果书面告知从业人员。职业健康检查费用由生产经营单位承担。

第二十三条 生产经营单位应当制定、及时修订和实施本单位的生产安全事故应急救援预案,并与所在地县级以上人民政府生产安全事故应急救援预案相衔接。高危生产经营单位每年至少组织1次综合或者专项应急预案演练,每半年至少组织1次现场处置方案演练;其他生产经营单位每年至少组织1次演练。

生产经营单位应当建立应急救援组织,配备相应的应急救援器材及装备。不具备单独建立专业应急救援队伍的规模较小的生产经营单位,应当与邻近建有专业救援队伍的企业或者单位签订救援协议,或者联合建立专业应急救援队伍。

第二十四条 生产经营单位应当定期组织全员安全生产教育培训。对新进从业人员、离岗6个月以上的或者换岗的从业人员,以及采用新工艺、新技术、新材料或者使用新设备后的有关从业人员,及时进行上岗前安全生产教育和培训;对在岗人员应当定期组织安全生产再教育培训活动。教育培训情况应当记录备查。

以劳务派遣形式用工的,生产经营单位与劳务派遣单位应当在劳务派遣协议中明确各自承担的安全生产教育培训职责。未明确职责的,由生产经营单位承担安全生产教育培训责任。

第二十五条 生产经营单位的主要负责人、分管安全生产的负责人或者安全总监、安全生产管理人员,应当具备与所从事的生产经营活动相适应的安全生产知识和管理能力。

高危生产经营单位的主要负责人、分管安全生产的负责人或者安全总监、安全生产管理人员，应当经过培训，并由负有安全生产监督管理职责的主管部门对其安全生产知识和管理能力考核合格。考核不得收费。

特种作业人员应当按照国家有关规定，接受与其所从事的特种作业相应的安全技术理论培训和实际操作培训，取得特种作业相关资格证书后，方可上岗作业。

第二十六条 生产经营单位应当按照国家有关规定，开展以岗位达标、专业达标和企业达标为主要内容的安全生产标准化建设。

生产经营单位应当开展安全文化建设，建立安全生产自我约束机制。

第二十七条 生产经营单位应当建立健全安全生产隐患排查治理体系，定期组织安全检查，开展事故隐患自查自纠。对检查出的问题应当立即整改；不能立即整改的，应当采取有效的安全防范和监控措施，制定隐患治理方案，并落实整改措施、责任、资金、时限和预案；对于重大事故隐患，应当及时将治理方案和治理结果向负有安全生产监督管理职责的部门报告，并由负有安全生产监督管理职责的部门对其治理情况进行督办，督促生产经营单位消除重大事故隐患。

安全检查应当包括下列内容：

（一）安全生产管理制度健全和落实情况；

（二）设备、设施安全运行状态，危险源控制状态，安全警示标志设置情况；

（三）作业场所达到职业病防治要求情况；

（四）从业人员遵守安全生产管理制度和操作规程情况，了解作业场所、工作岗位危险因素情况，具备相应的安全生产知识和操作技能情况，特种作业人员持证上岗情况；

（五）发放配备的劳动防护用品情况，从业人员佩带和使用情况；

（六）现场生产管理、指挥人员违章指挥、强令从业人员冒险作业行为情况，以及对从业人员的违章违纪行为及时发现和制止情况；

（七）生产安全事故应急预案的制定、演练情况；

（八）其他应当检查的安全生产事项。

第二十八条 生产经营单位应当加强重大危险源管理，建立重大危险源辨识登记、安全评估、报告备案、监控整改、应急救援等工作机制，采用先进技术手段对重大危险源实施现场动态监控，定期对设施、设备进行检测、检验，设立重大危险源安全警示标志，制定应急预案并组织演练。

生产经营单位应当每半年向所在地县（市、区）或者按隶属关系向负有安全生产监督管理职责的部门报告本单位重大危险源监控及相应的安全措施、应急措施的实施情况；对新产生的重大危险源，应当及时报告并依法实施相关管理措施。

第二十九条 生产经营单位应当建立安全生产风险管控机制，定期进行安全生产风险排查，对排查出的风险点按照危险性确定风险等级，并采取相应的风险管控措施，对风险点进行公告警示。

高危生产经营单位应当利用先进技术和方法建立安全生产风险监测与预警监控系统，实现风险的动态管理。发现事故征兆等险情时，应当立即发布预警预报信息。生产现场带班人员、班组长和调度人员，在遇到险情时第一时间享有下达停产撤人命令的直接决策权和指挥权。

第三十条 生产经营单位应当建立单位负责人现场带班制度，建立单位负责人带班考勤档案。带班负责人应当掌握现场安全生产情况，及时发现和处置事故隐患。

第三十一条 生产经营单位进行爆破、悬挂、挖掘、大型设备（构件）吊装、危险装置设备试生产、危险场所动火、建筑物和构筑物拆除以及重大危险源、油气管道、有限空间、有毒有害、临近高压输电线路等作业的，应当按批准权限由相关负责人现场带班，确定专人进行现场作业的统一指挥，由专职安全生产管理人员进行现场安全检查和监督，并由具有专业资质的人员实施作业。

生产经营单位委托其他有专业资质的单位进行危险作业的，应当在作业前与受托方签订安全生产管理协议，明确各自的安全生产职责。

第三十二条 生产经营单位发生生产安全事故，应当按照国家和省有关规定报告当地安全生产监督管理部门和其他有关部门。

生产经营单位系上市公司及其子公司的，上市公司应当立即报告注册地证券主管部门，并按有关规定及时办理信息披露事宜。

第三十三条 法律、法规和规章对违反本规定行为的法律责任有规定的，适用其规定；法律、法规和规章没有规定的，适用本规定。

第三十四条 负有安全生产监督管理职责的部门在对生产经营单位履行安全生产主体责任的监督管理中，有失职渎职或者滥用职权、玩忽职守、徇私舞弊等行为的，对直接负责的主管人员和其他直接责任人员依法给予处分；构成犯罪的，依法追究刑事责任。

第三十五条 生产经营单位有下列行为之一的，由负有安全生产监督管理职责的部门责令限期改正，可处以 5000 元以上 2 万元以下的罚款，对其主要负责人处以 1000 元以上 1 万元以下的罚款；逾期不改正的，责令限期整顿，可处以 2 万元以上 3 万元以下的罚款，对其主要负责人处以 1 万元以上 2 万元以下的罚款；涉嫌犯罪的，依法追究刑事责任：

（一）未按规定使用安全生产资金投入的；

（二）未按规定参加安全生产责任保险的；

（三）未按规定使用劳务派遣人员的；

（四）未按规定开展安全生产标准化建设活动的；

（五）未按规定执行单位负责人现场带班制度的。

第三十六条 生产经营单位未按规定建立安全生产风险管控机制，并采取风险管控措施的，由负有安全生产监督管理职责的部门责令限期改正；逾期不改正的，依照有关法律、法规规定处理。

第三十七条 生产经营单位未建立事故隐患排查治理制度或者未采取措施消除事故隐患的，依照《中华人民共和国安全生产法》的有关规定责令限期改正或者责令消除；拒不执行的，责令停产停业整顿，并处罚款。

第三十八条 本规定自2013年3月1日起施行。

2.8 水利水电工程建设相关标准

标准是为了在一定范围内获得最佳秩序，经协商一致制定并由公认机构批准，共同使用的和重复使用的一种规范性文件。《安全生产法》规定"生产经营单位必须执行依法制定的保障安全生产的国家标准或者行业标准"，把标准的强制性条文在法律效力与法律、法规等同，违反了就要依法承担法律责任。因此，广义地讲，标准是我国法律法规体系中的一个重要组成部分。

典型的关于水利安全生产方面的标准有《水利水电工程施工通用安全技术规程》《水利水电工程土建施工安全技术规程》《水利水电工程机电设备安装安全技术规程》《水利水电工程施工作业人员安全操作规程》《水利水电起重机械安全规程》《企业安全生产标准化基本规范》等。

2.8.1 标准的分类

依据标准化法的规定，标准可分为国家标准、行业标准、地方标准和企业标准，其中地方标准又可以分为地方标准和地方行业标准。

（1）国家标准，是指对需要在全国范围内统一的或国家需要控制的技术要求所制定的标准。国家标准由国务院标准化行政主管部门发布，编号由代号、发布的顺序号和发布的年号构成。代号由大写汉语拼音字母构成，其中强制性标准的代号为"GB"，推荐性标准的代号为"GB/T"。如《施工企业安全生产管理规范》GB 50656—2011、《塔式起重机》GB/T 5031—2008等。

（2）行业标准，是指对需要在全国某个行业范围内统一的技术要求所制定的标准。其中水利领域的行业标准分为以下四个标准，即：《水利水电工程施工通用安全技术规程》SL 398—2007、《水利水电工程土建施工安全技术规程》SL 399—2007、《水利水电工程机电设备安装安全技术规程》SL 400—2016、《水利水电工程施工作业人员安全操作规程》SL 401—2007。

这四个标准在内容上各有侧重、互为补充,形成一个相对完整的水利水电工程建筑安全技术标准体系,在处理解决实际问题时,四个标准应相互配套使用。

(3) 地方标准,是指对省、自治区、直辖市范围内需要统一的技术要求所制定的标准。编号由代号(DB或DB/T)、省(自治区、直辖市行政区)代码、顺序号和年号构成,如《内挂式安全平网》DB 37-314—2002。

(4) 企业标准,是指对需要在某个企业范围需要统一的事项所制定的标准。企业标准由企业组织制定,并按省级人民政府的规定备案。编号由代号(Q)、企业编码、顺序号和年号构成,如鞍钢的《预应力钢丝和钢绞线用优质钢热轧盘条》Q/ASB 136—2004。

2.8.2 工程建设标准概述

工程建设标准(含规范、规程),是指对工程建设活动中重复的事物和概念所做的统一规定,由相关主管机构批准,以特定的形式发布,作为共同遵守的准则和依据。

工程建设标准可分为三个层次。第一层为基础标准,是某一专业范围内作为其他标准的基础,具有普遍指导意义的标准,如模数、公差、符号、图例、术语标准等。第二层为通用标准,是针对某一类事物制定的共性标准,其覆盖面一般较大,常作为制定专用标准的依据,如通用的安全、卫生、环保标准,某类工程的通用勘察、设计、施工及验收标准,通用的试验方法标准等。第三层为专用标准,是针对某一具体事物制定的个性标准,其覆盖面一般较小,是根据有关的基础和通用标准而定的,如某一范围的安全、卫生、环保标准,某种具体工程的勘察、设计、施工及验收标准,某种试验方法标准等。

工程建设标准也可分为强制性标准和推荐性标准。强制性标准如《施工现场临时用电安全技术规范》JGJ 46—2005,内含若干强制性条文,必须严格执行。推荐性标准如《施工企业安全生产评价标准》JGJ/T 77—2010,通常在标准编号当中用"/T"标注。

2.8.3 常用主要的建筑安全技术标准简介

1.《水利水电工程施工通用安全技术规程》

水利部根据《关于下达2003年第四批中央水利基建前期工作投资计划的通知》(水规计〔2003〕540)的安排,按照《水利技术标准编写》SL 1—2002的要求,对原能源部、水利部于1988年7月1日颁布的《水利水电建筑安装安全技术工作规程》SD 267—88进行了修订。原标准经过修订后,分为以下四个标准,即:《水利水电工程施工通用安全技术规程》SL 398—2007、《水利水电工程土建施工安全技术规程》SL 399—2007、《水利水电工程机电设备安装安全技术规程》SL 400—2016、《水利水电工程施工作业人员安全操作规程》SL 401—2007。

这四个标准在内容上各有侧重、互为补充，形成一个相对完整的水利水电工程建筑安全技术标准体系，在处理解决实际问题时，四个标准应相互配套使用。

(1) 目的和适用范围

《水利水电工程施工通用安全技术规程》SL 398—2007 是为了贯彻执行《中华人民共和国安全生产法》《建设工程安全生产管理条例》等有关的法律法规和标准，规范我国水利水电工程建设的安全生产工作，防止工程过程的人身伤害和财产损失而制定。

该标准规定了水利水电工程施工的通用安全技术要求。适用于大中型水利水电工程施工安全技术管理、安全防护与安全施工，小水利水电工程可参照执行。

(2) 主要内容

该标准针对水利水电工程的特点和施工现状，明确了水利水电工程建设施工过程安全技术工作的基本要求和基本规定，共包括 11 章 65 小节，标准用词说明和条文说明。对原标准的第一、二、三、四、五、十二、十五、十七等篇内容进行修编，并增加了"施工排水""现场保卫""安全防护设施""大型施工设备安装与运行"等内容的安全技术规定。涉及范围及主要内容包括以下几个方面：

1　总则
2　术语
3　施工现场
4　施工用电、供水、供风及通信
5　安全防护设施
6　大型施工设备安装与运行
7　起重与运输
8　爆破器材与爆破作业
9　焊接与气割
10　锅炉及压力容器
11　危险物品管理

2.《水利水电工程土建施工安全技术规程》

(1) 目的和适用范围

《水利水电工程土建施工安全技术规程》SL 399—2007 依据《中华人民共和国安全生产法》《中华人民共和国建筑法》和《建设工程安全生产管理条例》制定，规定了水利水电工程土建施工的安全技术要求，适用于大中型水利水电工程土建施工中的安全技术管理、安全防护与安全施工，小型水利水电工程及其他土建工程也可参照执行。

(2) 主要内容

该标准共 13 章 65 小节。对原标准的第六篇土石方工程、第七篇基础处理工程、第八篇砂石料生产、第九篇混凝土工程和第十篇房屋建筑工程进行了修编，并在原标准的基础上增加了"土石方填筑""碾压混凝土"等节及突出新工艺的"沥青混凝土"、水利特色的"砌石工程"、"堤防工程"、"疏浚与吹填工程"、"渠道、水闸和泵站工程"、危险程度较高的"拆除工程"六章。涉及范围及主要内容包括以下几个方面：

1　总则
2　术语和定义
3　土石方工程
4　地基与基础工程
5　砂石料生产工程
6　混凝土工程
7　沥青混凝土
8　砌石工程
9　堤防工程
10　疏浚与吹填工程
11　渠道、水闸与泵站工程
12　房屋建筑工程
13　拆除工程

3.《水利水电工程机电设备安装安全技术规程》

（1）目的和适用范围

《水利水电工程机电设备安装安全技术规程》SL 400—2016，旨在提高水利水电工程机电设备安装安全水平，对机电设备安装进行安全生产全过程控制，保障人的安全健康和设备安全。

该标准适用于大中型水利水电工程机电设备安装、调试、试运行及维修，小型水利水电工程机电设备安装、调试、试运行及维修可参照执行。

（2）主要内容

该标准共包括 11 章、标准用词说明、标准历次版本编写者信息和条文说明。涉及范围及主要内容包括以下几个方面：

1　总则
2　术语
3　基本规定
4　泵站主机泵安装
5　水电站水轮机安装
6　水电站发电机安装
7　辅助设备安装
8　电气设备安装
9　机组启动试运行
10　桥式起重机安装
11　辅助用具及专用工具

4.《水利水电工程施工作业人员安全操作规程》

（1）目的和适用范围

《水利水电工程施工作业人员安全操作规程》SL 401—2007 以《中华人民共和国安全生产法》、国务院颁布的《建设工程安全生产管理条例》等一系列国家安全生产的法律法规为依据，并遵照水利水电工程施工现行安全技术规程及相关施工机械设备运行、保养规程的要求进行编制。其目的是为了贯彻执行国家"安全第一、预防为主、综合治理"的安全生产方针，并进行综合治理，坚持"以人为本"的安全理念，规范水利水电工程施工现场作业人员的安全、文明施工行为，以控制各类事故的发生，确保施工人员的安全、健康，确保安全生产。

该标准适用于大中型水利水电工程施工现场作业人员安全技术管理、安全防护与安全、文明施工，小型水利水电工程可参照执行。

(2) 主要内容

该标准规定了参加水利水电工程施工作业人员安全、文明施工行为。该标准共有11章，73个工种。对原标准的第11、16两篇内容进行了修编，删除了一些水利水电工程施工中已很少出现的工种，按现行的施工要求合并了一些工种，并增加了一些新工种；对水利水电工程施工的各个专业工种和主要辅助工种，规范其行为准则，明确其安全操作标准。

该标准在章节设置上，采用按工程项目分类，按工序进行编制，涉及范围及主要内容包括以下几个方面：

1　总则
2　基本规定
3　施工供风、供水、用电
4　起重、运输各工种
5　土石方工程
6　地基与基础工程
7　砂石料工程
8　混凝土工程
9　金属结构与机电设备安装
10　监测及试验
11　主要辅助工种

5.《水利水电起重机械安全规程》

《水利水电起重机械安全规程》SL 425—2017 是水利部于 2017 年 8 月 5 日公告公布的。

(1) 目的和适用范围

该标准实施的目的是为了规范水利水电起重机械在设计、制造、安装适用、维修、检验、报废与管理等方面的安全技术要求，以适用水利水电起重机械的安全管理。

该标准适用于水利水电工程永久性或建设用的塔式起重机、门座起重机、缆索起重机、桥式起重机、门式起重机及升船机。各种启闭机、拦污栅前的清污机可参照执行。不适用于流动式起重机及浮式起重机。

(2) 主要内容

该标准规定了水利水电起重机械在设计、制造、安装、适用、维修、检验、报废及管理等方面的安全技术要求，共包括 10 章和 3 个附录，主要内容包括以下几个方面：

1　范围
2　规范性引用文件
3　整机
4　金属结构
5　机构及零部件
6　安全防护装置
7　电气系统
8　安装、改造与维修
9　试验与检验
10　使用与管理检验

6.《企业安全生产标准化基本规范》

《企业安全生产标准化基本规范》GB/T 33000—2016 规定了安全生产标准化管理

体系建立、保持与评定的原则和一般要求,以及目标职责、制度化管理、教育培训、现场管理、安全风险管控及隐患排查治理、应急管理、事故管理和持续改进8个体系的核心技术要求。标准适用于工矿企业开展安全生产标准化建设工作,有关行业制修订安全生产标准化标准、评定标准,以及对标准化工作的咨询、服务、评审、科研、管理和规划等。其他企业和生产经营单位等可参照执行。

原则:企业开展安全生产标准化工作,应遵循"安全第一、预防为主、综合治理"的方针,落实企业主体责任。以安全风险管理、隐患排查治理、职业病危害防治为基础,以安全生产责任制为核心,建立安全生产标准化管理体系,实现全员参与,全面提升安全生产管理水平,持续改进安全生产工作,不断提升安全生产绩效,预防和减少事故的发生,保障人身安全健康,保证生产经营活动的有序进行。

建立和保持:企业应采用"策划、实施、检查、改进"的"PDCA"动态循环模式,持续提升安全生产绩效。

7.《水利水电工程施工安全防护设施技术规范》

(1) 目的和适用范围

《水利水电工程施工安全防护设施技术规范》SL 714—2015 根据水利技术标准修订计划的安排,依据《中华人民共和国安全生产法》《建设工程安全生产管理条例》等安全生产有关的法律法规,按照《水利技术标准编写规定》SL 1—2014 的要求,编制本标准。其目的是提高水利水电工程施工安全水平,实现施工现场安全防护设施的规范化、科学化和系统化,促进行业发展。

本标准适用于水利水电工程新建、扩建、改建及维修加固工程施工现场安全防护设施的设置。水利工程项目法人及参建单位应加强科技创新,积极推广应用先进的施工安全技术。提倡使用定型化、工具化的安全防护设施,提倡使用专业承包企业搭设和维护安全防护设施。施工现场安全防护设施必须经检查验收合格后方可投入使用。

(2) 主要内容

本标准共11章,主要规定了水利水电工程施工现场安全防护设施的设置,维护及使用的相关要求。在章节设置上按形式、按分类、按工序或工艺进行编制。涉及范围及主要内容包括以下几个方面:

1	总则	7	砂石料与混凝土生产
2	术语	8	混凝土工程
3	基本规定	9	疏浚与吹填工程
4	工地运输	10	金属结构及启闭设备制作与安装
5	土石方工程	11	机电设备安装与调试
6	基础处理		

8.《水利水电工程施工安全管理导则》

(1) 目的和适用范围

《水利水电工程施工安全管理导则》SL 721—2015 根据水利技术标准修订计划的安排，依据《中华人民共和国安全生产法》《建设工程安全生产管理条例》等安全生产有关的法律法规，按照 SL 1—2014《水利技术标准编写规定》的要求，编制本标准。其目的是规范水利水电工程施工安全管理行为，指导施工安全管理活动，提高施工安全管理水平。

标准适用于大中型水利水电工程的施工安全管理。小型水利水电工程的施工安全管理可参照执行。各参建单位应贯彻"安全第一，预防为主，综合治理"的方针，建立安全管理体系，落实安全生产责任制，健全规章制度，保障安全生产投入，加强安全教育培训，依靠科学管理和技术进步，提高施工安全管理水平。

(2) 主要内容

本标准共 14 章 5 个附录。涉及范围及主要内容包括以下几个方面：

1　总则
2　术语
3　安全生产目标管理
4　安全生产管理机构和职责
5　安全生产管理制度
6　安全生产管理费用
7　安全技术措施和专项施工方案
8　安全生产教育培训
9　设施设备安全管理
10　作业安全管理
11　生产安全事故隐患排查治理与重大危险源管理
12　职业卫生与环境保护
13　应急管理
14　安全生产档案管理

2.9　国际公约

《建筑业安全卫生公约》也称 167 号公约，是建筑施工安全卫生的国际标准。现行有效的建筑业安全卫生公约是国际劳工组织大会于 1988 年 6 月 1 日在日内瓦举行的第 75 届会议上通过的，同年 6 月 20 日公布，于 1991 年 1 月 11 日生效。

为进一步完善我国有关建筑安全卫生的立法，建立健全建筑安全卫生保障体系，提高我国的建筑安全卫生水平，建设部于 1996 年开始申办在我国执行 167 号公约，于 2001 年 10 月 27 日由第九届全国人民代表大会第 24 次常务委员会通过，我国遂成为实施 167 号公约的第 15 个国家。

167 号公约在实施的过程中，强调了政府、雇主、工人三结合的原则。对于任何一项标准、措施，在制定、实施和奖罚时都要由三方共同商议，以三方都能接受的原则而确定，三方共同执行。其主要内容如下：

（1）以雇主、企业、工人相结合的方式贯彻实施各项安全规定。雇主有保护工人安全健康的权利和义务。

（2）明确总、分包单位的安全生产责任；总包单位应起到协调及保证规定实施的作用。

（3）设计和计划单位在做设计和计划时应考虑建筑工人的安全和健康。

（4）工人应遵守并执行有关安全卫生的规定，并对违反安全和卫生的事项有发表建议的权利和义务。

考 试 习 题

一、单项选择题（每小题有4个备选答案，其中只有1个是正确选项。）

1. 为保护（　　）提供法律保障，是安全生产法规的作用之一。
A. 生产经营者的投资与效益　　　　B. 劳动者的安全健康
C. 生产产品的质量与成本　　　　　D. 劳动者的工资与福利

正确答案：B

2. 水利工程建设安全生产法规调整的对象是指由建筑安全生产法规调整的、在水利工程建设活动中形成的以（　　）为核心的各种关系。
A. 权利与职责　　B. 职责与义务　　C. 经济利益　　D. 权利和义务

正确答案：D

3. 建筑安全生产法规调整的对象是指由建筑安全生产法规调整的、在建筑活动中形成的以（　　）为核心的各种关系。
A. 权利与职责　　B. 职责与义务　　C. 经济利益　　D. 权利和义务

正确答案：D

4. 在《安全生产法》出台之前的一段时间内，（　　）是规范我国建筑工程安全生产的唯一一部法律。
A.《劳动法》　　　　　　　　　　B.《消防法》
C.《建筑法》　　　　　　　　　　D.《特种设备安全法》

正确答案：C

5. （　　）是我国安全生产领域的综合性基本法，是我国安全生产监督与管理正式纳入法制化管理轨道的重要标志。
A.《建设工程安全生产管理条例》　　B.《劳动法》
C.《建筑法》　　　　　　　　　　　D.《安全生产法》

正确答案：D

6. （　　）是我国第一部规范建设工程安全生产的行政法规，标志着我国建设工程安全生产管理进入了法制化、规范化发展的新时期。

  A.《建设工程安全生产管理条例》 B.《安全生产许可证条例》
  C.《建筑法》 D.《安全生产法》

正确答案：A

7.《安全生产法》明确了现阶段安全生产监管体制，即（　　）的体制。

  A. 国家安全生产综合监管与各级政府有关职能部门专项监管相结合

  B. 国家安全生产综合监管与社会中介机构服务相结合

  C. 各级政府有关职能部门专项监管与社会中介机构服务相结合

  D. 国家安全生产综合监管与生产经营单位自管相结合

正确答案：A

8.《安全生产法》明确了安全生产三大目标，即（　　），保护国家财产安全，促进社会经济发展。

  A. 保护环境卫生 B. 保障人民生命安全
  C. 保证产品质量 D. 健全安全生产体系

正确答案：B

9. 下列监督方式中，不属于《安全生产法》规定的安全生产监督方式的是（　　）。

  A. 工会民主监督 B. 社会舆论监督
  C. 公众举报监督 D. 中介机构监督

正确答案：D

10. 依据《安全生产法》的规定，建筑施工企业从业人员超过（　　）的，应当设置安全生产管理机构或者配备专职安全生产管理人员。

  A. 30人 B. 50人 C. 100人 D. 120人

正确答案：C

11. 依据《安全生产法》的规定，不具备安全生产条件的生产经营单位（　　）。

  A. 不得从事生产经营活动

  B. 经主管部门批准后允许生产经营

  C. 经安全生产监管部门批准后可从事生产经营活动

  D. 经有关部门批准后允许生产经营

正确答案：A

12. 依据《安全生产法》规定生产经营单位应当建立安全生产教育和培训档案，如实记录安全生产教育和培训的时间、内容、参加人员以及（　　）等情况。

  A. 授课人 B. 培训学校
  C. 培训计划 D. 考核结果

正确答案：D

13.《安全生产法》规定,生产、经营、储存、使用危险物品的车间、商店、仓库不得与( )在同一座建筑物内,并应与员工宿舍保持安全距离。

A. 职工食堂　　　　　　　　　B. 员工宿舍
C. 职工俱乐部　　　　　　　　D. 卫生保健室

正确答案:B

14.《安全生产法》规定,生产经营单位应当在较大危险因素的生产经营场所和有关设施、设备上,设置明显的( )。

A. 安全宣传标语　　　　　　　B. 安全宣教挂图
C. 安全警示标志　　　　　　　D. 登记备案标志

正确答案:C

15. 依照《安全生产法》规定,生产经营单位的主要负责人和安全管理人员必须具备与本单位所从事的生产经营活动相应的( )和管理能力。

A. 生产经营　　　　　　　　　B. 安全技术
C. 安全生产知识　　　　　　　D. 执业资格

正确答案:C

16. 依照《安全生产法》规定,生产经营单位必须保证上岗的从业人员都经过( ),否则,生产经营单位要承担法律责任。

A. 安全生产教育　　　　　　　B. 安全技术培训
C. 安全作业培训　　　　　　　D. 安全生产教育和培训

正确答案:D

17.《安全生产法》规定:建筑施工单位的主要负责人和安全生产管理人员,应当由( )对其安全生产知识和管理能力考核合格后方可任职。

A. 有关主管部门　　　　　　　B. 建设部
C. 国家安全生产监督局　　　　D. 国家经济贸易委员会

正确答案:A

18.《安全生产法》规定,特种作业人员必须经专门的安全作业培训,取得特种作业( )证书,方可上岗作业。

A. 操作资格　　B. 许可　　C. 安全　　D. 岗位

正确答案:A

19.《安全生产法》规定,生产经营单位使用新设备时,应对从业人员进行( )的安全生产教育和培训。

A. 公司级　　B. 班组级　　C. 车间级　　D. 专门

正确答案:D

20.《安全生产法》规定,( )以上地方各级人民政府应当组织有关部门制订本行政区域内特大生产安全事故应急救援预案和建立应急救援体系。

A. 乡镇　　　　B. 县级　　　　C. 市级　　　　D. 省级

正确答案：B

21.《建筑法》规定，建筑施工企业在编制施工组织设计时，应当根据建筑工程的特点制定相应的（　　）。

A. 安全技术交底　　　　　　B. 安全防护方案
C. 安全技术措施　　　　　　D. 安全保障体系

正确答案：C

22.《建筑法》规定，施工现场安全由（　　）负责。

A. 建筑施工企业　　　　　　B. 总承包单位
C. 分包单位　　　　　　　　D. 工程监理单位

正确答案：A

23.《建筑法》规定，建筑施工企业和作业人员在施工过程中，应当遵守有关安全生产的法律、法规和建筑（　　），不得违章指挥或者违章作业。

A. 行业安全规章、规程　　　B. 企业安全规章、规程
C. 标准规范　　　　　　　　D. 规章制度

正确答案：A

24.《建筑法》规定，房屋拆除应当由（　　）的建筑施工单位承包，由建筑施工单位负责人对安全负责。

A. 建设单位确定的　　　　　B. 房屋拆迁主管部门确定的
C. 具备保证安全条件　　　　D. 具备拆装资质

正确答案：C

25.《环境保护法》规定企业事业单位和其他生产经营者违法排放污染物，受到罚款处罚，被责令改正，拒不改正的，依法作出处罚决定的行政机关可以自责令更改之日的次日起，按照原处罚数额按（　　）连续处罚。

A. 年　　　　　B. 月　　　　　C. 周　　　　　D. 日

正确答案：D

26. 特种设备安全工作应当坚持安全第一、预防为主、（　　）、综合治理的原则。

A. 高效科技　　B. 高效节能　　C. 节能环保　　D. 科技环保

正确答案：C

27. 特种设备使用单位应当在特种设备投入使用前或者投入使用后（　　）日内，办理使用登记，取得使用登记证书。

A. 5　　　　　B. 7　　　　　C. 15　　　　　D. 30

正确答案：D

28. 所有特种设备必须向（　　）办理使用登记方可使用。
   A. 生产单位　　　B. 经营单位　　　C. 检测单位　　　D. 监管部门

   正确答案：D

29. 《消防法》规定了建筑构件和建筑材料的（　　）必须符合国家标准或行业标准。
   A. 保温性能　　　B. 力学性能　　　C. 防火性能　　　D. 防水性能

   正确答案：C

30. 按照《环境噪声污染防治法》的规定，在城市市区范围内，建筑施工过程中使用机械设备可能产生环境噪声污染的，施工单位必须在工程开工15日以前向工程所在地县级以上地方人民政府（　　）申报。
   A. 建设行政主管部门
   B. 环境保护行政主管部门
   C. 建设行政主管部门或环境保护行政主管部门
   D. 纪检监察部门

   正确答案：B

31. 按照《环境噪声污染防治法》的规定，在城市市区范围内向周围生活环境排放建筑施工噪声的，应当符合（　　）。
   A. 建设行政主管部门规定的噪声排放标准
   B. 环境保护行政主管部门规定的噪声排放标准
   C. 建设行政主管部门或环境保护行政主管部门规定的噪声排放标准
   D. 国家规定的建筑施工场界环境噪声排放标准

   正确答案：D

32. 《消防法》规定，禁止在具有火灾、爆炸危险的场所使用明火；因特殊情况需要使用明火作业的，应当按照规定事先办理（　　）。
   A. 审批手续　　　B. 许可手续　　　C. 保险手续　　　D. 备案手续

   正确答案：A

33. 《消防法》规定，进行（　　）等具有火灾危险的作业的人员和自动消防系统的操作人员，必须持证上岗，并严格遵守消防安全操作规程。
   A. 木工　　　B. 电焊、气焊　　　C. 油漆　　　D. 防水

   正确答案：B

34. 《劳动法》规定，用人单位必须建立健全劳动安全卫生制度，严格执行国家劳动安全卫生规程和标准，对劳动者进行劳动安全卫生教育，防止劳动过程中的事故，减少（　　）。
   A. 人身伤害　　　B. 职业危害　　　C. 财产损失　　　D. 经济损失

   正确答案：B

35.《劳动法》规定,用人单位必须对从事有职业危害作业的劳动者定期进行( )。
A. 专门培训　　　B. 健康检查　　　C. 安全教育　　　D. 资格复审
正确答案:B

36.《劳动法》规定,劳动者对用人单位管理人员违章指挥、强令冒险作业,( )。
A. 有权提出措施建议　　　　　　B. 不得拒绝执行
C. 有权拒绝执行　　　　　　　　D. 有权越级上告
正确答案:C

37.《刑法》规定,建筑企业或者其他企业、事业单位的劳动安全设施不符合国家规定,经有关部门或者单位职工提出后,对事故隐患仍不采取措施,因而发生重大伤亡事故或者造成其他严重后果的,对( ),处3年以下有期徒刑或者拘役。
A. 法定代表人　　　　　　　　　B. 直接责任人员
C. 监督管理人员　　　　　　　　D. 工程项目负责人
正确答案:B

38.《刑法》规定,建设单位、设计单位、施工单位、工程监理单位违反国家规定,降低工程质量标准,造成重大安全事故的,对直接责任人员,处5年以下有期徒刑或者拘役,并处( )。
A. 罚款　　　　　B. 行政处罚　　　C. 罚金　　　　　D. 民事赔偿
正确答案:C

39. 依据《建设工程安全生产管理条例》,( )对全国建设工程安全生产工作实施综合监督管理。
A. 国务院安全生产委员会　　　　B. 国务院负责安全生产监督管理的部门
C. 国务院建设行政主管部门　　　D. 建设部负责安全生产监督管理的部门
正确答案:B

40.《建设工程安全生产管理条例》规定,工程监理单位应当审查施工组织设计中的安全技术措施或者专项施工方案是否符合( )。
A. 行业标准规范　　　　　　　　B. 安全技术标准规范
C. 工程建设强制性标准　　　　　D. 国家法律、法规
正确答案:C

41.《建设工程安全生产管理条例》规定,施工单位的项目负责人应当由( )的人员担任。
A. 建筑施工企业法人确定　　　　B. 取得相应执业资格
C. 取得项目经理资质证书　　　　D. 注册工程师
正确答案:B

42.《建设工程安全生产管理条例》规定,施工单位应当在施工组织设计中编制安

全技术措施和（   ）。

A. 专项技术方案　　　　　　B. 安全专项方案
C. 施工现场临时用电方案　　D. 安全施工措施

正确答案：C

43.《建设工程安全生产管理条例》规定，施工单位应当向作业人员提供（   ），并书面告知危险岗位的操作规程和违章操作的危害。

A. 劳动防护用品　　　　　　B. 安全防护用具和安全防护服装
C. 安全防护用品　　　　　　D. 个人防护用品

正确答案：B

44.《建设工程安全生产管理条例》规定，《特种设备安全监察条例》规定的施工起重机械，在验收前应当经有相应资质的检验检测机构（   ）合格。

A. 监督检验　　B. 检查　　C. 检测　　D. 检验

正确答案：A

45.《建设工程安全生产管理条例》规定，发生生产安全事故后，施工单位应当采取措施防止事故扩大，保护事故现场。需要移动现场物品时，应当（   ），妥善保管有关证物。

A. 绘制简图　　　　　　　　B. 拍照或者录像
C. 做出书面标记　　　　　　D. 做出标记和书面记录

正确答案：D

46.《建设工程安全生产管理条例》规定，施工单位发生生产安全事故，应当按照国家有关伤亡事故报告和调查处理的规定，及时、如实地向（   ）或者其他有关部门报告。

A. 负有安全生产监督管理职责的部门
B. 建设行政主管部门
C. 劳动部门
D. 负责安全生产监督管理的部门、建设行政主管部门

正确答案：D

47. 根据《建设工程安全生产管理条例》，对于起重吊装工程的说法不正确的是（   ）。

A. 施工单位应该在施工组织设计中编制安全技术措施
B. 需要编制专项施工方案，并附安全验算结果
C. 经专职安全生产管理人员签字后实施
D. 由专职安全生产管理人员进行现场监督

正确答案：C

48.《建设工程安全生产管理条例》规定，施工起重机械使用登记制度。施工单位应当自施工起重机械和整体提升脚手架、模板等自升式架设设施验收合格之日起（　　），向建设行政主管部门或者其他有关部门登记。

  A. 30 日   B. 10 日   C. 15 日   D. 20 日

正确答案：A

49.《建设工程安全生产管理条例》规定，建设行政主管部门在履行安全监督检查职责时，对重大隐患可以（　　）。

  A. 责令限期整改   B. 责令边施工边整改
  C. 罚款   D. 责令暂时停止施工

正确答案：D

50. 根据《建设工程安全生产管理条例》，施工单位的主要负责人、项目负责人、专职安全生产管理人员应当经（　　）考核合格后方可任职。

  A. 县级以上人民政府   B. 安全生产管理部门
  C. 市级以上人民政府   D. 建设行政主管部门

正确答案：D

51. 根据《建设工程安全生产管理条例》，施工单位应当对管理人员和作业人员每年至少进行（　　）次安全生产教育培训。

  A. 1   B. 2   C. 3   D. 4

正确答案：A

52.《建设工程安全生产管理条例》规定，整体提升脚手架安装完毕后，安装单位应当自检，出具自检合格证明，并向施工单位进行安全使用说明，办理（　　）手续并签字。

  A. 备案   B. 验收   C. 登记   D. 注册

正确答案：B

53.《建设工程安全生产管理条例》规定，（　　）应当建立健全安全生产责任制度和安全生产教育培训制度，制定安全生产规章制度和操作规程，保证本单位安全生产条件所需资金的投入，对所承担的建设工程进行定期和专项安全检查，并做好安全检查记录。

  A. 建设单位   B. 监理单位
  C. 勘察、设计单位   D. 施工单位

正确答案：D

54.《建设工程安全生产管理条例》规定，专职安全生产管理人员负责对安全生产进行现场监督检查。发现安全事故隐患，应当及时向项目负责人和安全生产管理机构报告；对违章指挥、违章操作的，应当（　　）。

  A. 责令整改 B. 立即制止 C. 限期改正 D. 警告

正确答案：B

55.《建设工程安全生产管理条例》规定,( )应当自行完成建设工程主体结构的施工。

A. 总承包单位　　B. 分包单位　　C. 施工单位　　D. 建设单位

正确答案:A

56.《建设工程安全生产管理条例》规定,总承包单位依法将建设工程分包给其他单位的,分包合同中应当明确各自的安全生产方面的权利、义务。总承包单位和分包单位对分包工程的安全生产承担( )。

A. 民事责任　　B. 赔偿责任　　C. 行政责任　　D. 连带责任

正确答案:D

57.《建设工程安全生产管理条例》规定,分包单位应当服从总承包单位的安全生产管理,分包单位不服从管理导致生产安全事故的,由( )承担主要责任。

A. 总承包单位　　B. 分包单位　　C. 建设单位　　D. 监理单位

正确答案:B

58.《建设工程安全生产管理条例》规定,在施工中发生危及人身安全的紧急情况时,作业人员有权( )作业或者在采取必要的应急措施后撤离危险区域。

A. 立即停止　　B. 暂缓执行　　C. 检举　　D. 警告

正确答案:A

59. 根据《建设工程安全生产管理条例》,( )应当为施工现场从事危险作业的人员办理意外伤害保险。

A. 建设行政主管部门　　　　B. 施工单位
C. 市级以上人民政府　　　　D. 建设单位

正确答案:B

60.《建设工程安全生产管理条例》规定,建设单位未将保证安全施工的措施或者拆除工程的有关资料报送有关部门备案的,责令限期改正,并给予( )。

A. 罚款　　　　　　　　　B. 责令停业整顿
C. 责令限期整改　　　　　D. 警告

正确答案:D

61.《安全生产许可证条例》确立了高危生产企业的安全生产准入制度,下列企业不属于实行安全生产许可制度的是( )。

A. 矿山企业

B. 建筑施工企业

C. 危险化学品、烟花爆竹、民用爆破器材生产企业

D. 交通运输企业

正确答案:D

62. (　　) 规定了国家对矿山企业、建筑施工企业和危险化学品、烟花爆竹、民用爆破器材生产企业实行安全生产许可制度。

　　A.《劳动法》　　　　　　　　　　B.《安全生产法》
　　C.《特种设备安全监察条例》　　　D.《安全生产许可证条例》

正确答案：D

63. 按照《生产安全事故报告和调查处理条例》的规定，事故发生后单位负责人接到报告后，应当于（　　）小时内向安全生产监督管理部门和有关部门报告。

　　A. 1　　　　B. 12　　　　C. 24　　　　D. 48

正确答案：A

64. 按照《生产安全事故报告和调查处理条例》，事故报告后出现新情况的，应当及时补报。自事故发生之日起（　　）日内，事故造成的伤亡人数发生变化的，应当及时补报。

　　A. 7　　　　B. 15　　　　C. 30　　　　D. 45

正确答案：C

65. 按照《生产安全事故报告和调查处理条例》，重大事故，是指造成10人以上30人以下死亡，或者50人以上100人以下重伤，或者（　　）以上1亿元以下直接经济损失的事故提出调查组组成意见。

　　A. 1000万　　B. 1500万元　　C. 2000万元　　D. 5000万元

正确答案：D

66. 根据《工伤保险条例》的规定，职工以下情形，除（　　）外，不得认定为工伤或者视同工伤。

　　A. 故意犯罪的　　　　　　　　B. 违反治安管理伤亡的
　　C. 自残或者自杀的　　　　　　D. 醉酒

正确答案：B

67. 建设部《实施工程建设强制性标准监督规定》规定，建筑安全监督管理机构负责对工程建设（　　）执行施工安全强制性标准的情况实施监督。

　　A. 勘察设计阶段　　　　　　　B. 招标投标阶段
　　C. 施工阶段　　　　　　　　　D. 保修阶段

正确答案：C

68.《建筑施工企业安全生产许可证管理规定》规定，国家对建筑施工企业实行（　　）制度。

　　A. 安全生产资格　　　　　　　B. 安全生产许可
　　C. 建筑业企业资质　　　　　　D. 施工许可

正确答案：B

69. 根据《建筑施工企业安全生产许可证管理规定》,建筑施工企业安全生产许可证有效期为（　　）年。

A. 1　　　　　　B. 2　　　　　　C. 3　　　　　　D. 5

正确答案：C

70. 根据《建筑施工企业安全生产许可证管理规定》,安全生产许可证有效期满需要延期的,企业应当于期满前（　　）个月向原安全生产许可证颁发管理机关提出延期申请。

A. 1　　　　　　B. 2　　　　　　C. 3　　　　　　D. 6

正确答案：C

71. 根据《建筑施工企业安全生产许可证管理规定》,建筑施工企业安全生产许可证采用国务院安全生产监督管理部门规定的统一式样,由（　　）统一印制,实行全国统一编码。

A. 国务院安全生产监督管理部门　　　　B. 建设部
C. 省建筑工程管理部门　　　　　　　　D. 设区的市建设行政主管部门

正确答案：B

72. 建筑起重机械在使用过程中需要顶升的,使用单位委托原（　　）或者具有相应资质的安装单位按照专项施工方案实施后,即可投入使用。

A. 租赁单位　　　B. 安装单位　　　C. 使用单位　　　D. 总承包单位

正确答案：B

73. 建筑施工企业安全生产管理人员安全生产考核合格证书有效期为（　　）年,证书在全国范围内有效。

A. 1　　　　　　B. 2　　　　　　C. 3　　　　　　D. 6

正确答案：C

74. 建筑施工企业总承包资质序列一级资质企业安全生产管理机构专职安全生产管理人员的配备应不少于（　　）人,并应根据企业经营规模、设备管理和生产需要予以增加。

A. 2　　　　　　B. 3　　　　　　C. 4　　　　　　D. 5

正确答案：C

75. 搭设高度（　　）及以上的落地式钢管脚手架工程为危险性较大的分部分项工程。

A. 18m　　　　　B. 24m　　　　　C. 36m　　　　　D. 48m

正确答案：B

76. 从事建筑起重机械安装、拆卸活动的单位办理建筑起重机械安装（拆卸）告知手续前,应当将筑起重机械安装、拆卸资料报送施工总承包单位、（　　）审核。

A. 产权单位　　　B. 使用单位　　　C. 监理单位　　　D. 监管部门

正确答案：C

77. 申请从事建筑施工特种作业的人员，应当年满（　　）周岁且符合相关工种规定的年龄要求
　　A. 16　　　　　B. 18　　　　　C. 20　　　　　D. 21

正确答案：B

78. 依据标准化法的规定，标准可分为国家标准、（　　）、地方标准和企业标准。
　　A. 部门标准　　B. 省级标准　　C. 专业标准　　D. 行业标准

正确答案：D

79. 《建筑施工安全检查标准》（　　），自 2012 年 7 月 1 日施行。
　　A. JGJ 130—2011　　　　　　　B. JGJ 59—2011
　　C. JGJ 59—1999　　　　　　　 D. GB 59—2011

正确答案：B

80. 《建筑施工安全技术统一规范》中把建筑施工危险等级划分为（　　）级。
　　A. Ⅰ、Ⅱ、Ⅲ、Ⅳ　　　　　　B. Ⅰ、Ⅱ、Ⅲ
　　C. A、B、C　　　　　　　　　D. A、B、C、D

正确答案：B

81. 建筑施工现场临时用电工程安全技术管理的执行标准是（　　）。
　　A.《建筑施工安全检查标准》　　　　B.《建筑施工安全技术统一规范》
　　C.《施工现场临时用电安全技术规范》D.《施工企业安全生产管理规范》

正确答案：C

二、多项选择题（每小题有 5 个备选答案，其中至少有 2 个是正确选项。）

1. 安全生产法律法规是国家法律体系中的重要组成部分。我们通常说的安全生产法律法规是对有关安全生产的（　　）的总称。
　　A. 法律　　　　B. 行政法规　　　C. 规章　　　　D. 通知
　　E. 文件

正确答案：ABC

2. 目前，我国的安全生产法规已初步形成一个以《宪法》为依据的、以《安全生产法》为主体的、由有关（　　）所组成的综合体系。
　　A. 法律　　　　　　　　　　B. 行政法规、地方性法规
　　C. 行政规章　　　　　　　　D. 企业规章
　　E. 技术标准

正确答案：ABCE

3. 下列对安全生产法规作用的叙述，正确的有（　　）。
　　A. 为保护劳动者的安全健康提供法律保障
　　B. 加强安全生产的法制化管理

C. 推动安全生产工作的开展,促进企业安全生产

D. 保证产品质量的提高

E. 进一步提高生产力,保证企业效益的实现和国家经济建设事业的顺利发展

正确答案:ABCE

4. 下列关于《建设工程安全生产管理条例》颁布实施的意义和作用的阐述,正确的有(　　)。

A. 确立了有关建设工程安全生产监督管理的基本制度

B. 明确了参与建设活动各方责任主体的安全生产责任

C. 明确了有关建设工程质量与进度、投资控制的管理制度

D. 确保了参与各方责任主体安全生产利益及建筑工人安全与健康的合法权益

E. 为维护建筑市场秩序,加强建设工程安全生产监督管理提供了重要的法律依据

正确答案:ABDE

5. 下列属于建筑安全生产法规调整的对象的有(　　)。

A. 社会关系
B. 行政管理关系
C. 经济协作关系
D. 人与物的关系
E. 民事关系

正确答案:BCE

6. 建筑安全生产法规的作用主要体现在(　　)等方面。

A. 建立安全生产管理制度
B. 提高企业安全管理水平
C. 规范安全生产行为
D. 保护建筑安全生产合法行为
E. 处罚违反建筑安全生产法律法规行为

正确答案:CDE

7. 《安全生产法》明确了安全生产方针,其内容包括(　　)。

A. 安全第一
B. 预防为主
C. 保护国家财产安全保障产品质量
D. 促进社会经济发展
E. 综合治理

正确答案:ABE

8. 《安全生产法》规定了保障安全生产的运行机制,即(　　)。

A. 政府监管与指导
B. 企业实施与保障
C. 员工权益与自律
D. 社会监督与参与
E. 中介支持与服务

正确答案:ABCDE

9. 下列属于《安全生产法》确定的安全生产的基本法律制度有(　　)。

A. 安全生产监督管理制度
B. 安全中介服务制度

C. 安全生产责任追究制度　　　　D. 事故应急救援和调查处理制度
E. 群防群治制度

正确答案：ABCD

10. 依据《安全生产法》的规定，下列属于安全生产责任主体的是（　　）。
A. 政府部门　　　　　　　　　　B. 生产经营单位
C. 社会与媒体监督方　　　　　　D. 从业人员
E. 检测检验机构

正确答案：ABDE

11. 依据《安全生产法》规定，指明的实现安全生产的对策体系有（　　）。
A. 事前预防对策体系　　　　　　B. 应急救援体系
C. 安全生产责任体系　　　　　　D. 事后处理对策系统
E. 安全评价体系

正确答案：ABD

12. 依照《安全生产法》规定，劳动合同应当载明的有关事项有（　　）。
A. 保障从业人员劳动安全　　　　B. 防止职工受到危害
C. 保证国家财产安全　　　　　　D. 事故应急措施
E. 依法为从业人员办理工伤社会保险

正确答案：ABE

13. 《安全生产法》规定了生产经营单位负责人的建立健全安全生产责任制、（　　）等安全生产责任。
A. 组织制订安全生产规章制度和操作规程
B. 保证安全生产投入
C. 督促检查安全生产工作及时消除生产安全事故隐患
D. 组织制定并实施生产安全事故应急救援预案
E. 及时如实报告生产安全事故

正确答案：ABCDE

14. 《安全生产法》规定，生产经营单位应当具备的安全生产条件所必需的资金投入，由生产经营单位的（　　）予以保证，并对由于安全生产所必需的资金投入不足导致的后果承担责任。
A. 决策机构　　　　　　　　　　B. 主要负责人
C. 总经理　　　　　　　　　　　D. 个人经营的投资人
E. 董事会

正确答案：ABD

15. 《安全生产法》规定，生产经营单位采用（　　），必须了解、掌握其安全技特性,采取有效的安全防护措施,并对从业人员进行专门的安全生产教育和培训。

A. 新工艺　　　B. 新技术　　　C. 新材料　　　D. 新结构

E. 新设备

正确答案:ABCE

16. 下列属于《安全生产法》规定的工会组织的权利有(　　)。

A. 有权对建设项目的安全设施与主体工程同时设计、同时施工、同时投入生产和使用进行监督,提出意见

B. 对生产经营单位违反安全生产法律、法规,侵犯从业人员合法权益的行为,有权要求纠正

C. 发现生产经营单位违章指挥、强令冒险作业或者发现事故隐患时,有权提出解决的建议

D. 发现危及从业人员生命安全的情况时,有权向生产经营单位建议组织从业人员撤离危险场所

E. 有权依法参加事故调查,向有关部门提出处理意见,并要求追究有关人员的责任

正确答案:ABCDE

17.《安全生产法》规定,负有安全生产监督管理职责的部门受理有关安全生产的举报应当采取的措施是(　　)。

A. 建立举报制度

B. 公开举报电话、信箱或者电子邮件地址

C. 建立举报网站

D. 向社会公布举报事项

E. 受理的举报事项经调查核实后,应当形成书面材料

正确答案:ABE

18. 依照《安全生产法》,生产经营单位发生生产安全事故,单位负责人接到事故报告后应采取的措施是(　　)。

A. 迅速采取有效措施,组织抢救,防止事故扩大,减少人员伤亡和财产损失

B. 封锁事故现场

C. 藏匿有关证据

D. 按照国家有关规定立即如实报告

E. 按照四不放过原则进行调查处理后,上报事故

正确答案:AD

19.《安全生产法》规定,生产经营单位的从业人员有权了解其作业场所和工作岗位存在的(　　)。

A. 危险因素　　B. 风险　　　　C. 防范措施　　D. 特点

109

E. 事故应急措施

正确答案：ACE

20. 依据国家有关法律法规的规定，下列属于建筑施工企业从业人员的权利的是（　　）。

A. 批评和检举、控告权　　　　B. 获得意外伤害保险的权利

C. 获得劳动防护用品的权利　　D. 紧急避险权

E. 对安全生产工作的建议权

正确答案：ACD

21. 《安全生产法》规定了生产经营单位主要负责人对本单位安全生产工作所负的职责，其中有（　　）。

A. 保证安全生产投入的有效实施

B. 建立健全本单位安全生产责任制

C. 及时、如实报告生产安全事故

D. 组织制定并实施本单位的生产安全事故应急救援预案

E. 组织制定实施本单位安全生产教育和培训计划

正确答案：ABCDE

22. 《环境保护法》规定，产生环境污染和其他公害的单位，采取有效措施，防治在生产建设或者其他活动中产生的（　　）以及噪声、振动、电磁波辐射等对环境的污染和危害。

A. 废气　　　B. 废水　　　C. 废渣　　　D. 粉尘

E. 放射性物质

正确答案：ABCDE

23. 按照《消防法》的规定，下列属于机关、团体、企业、事业单位应当履行的消防安全职责的有（　　）。

A. 承担火灾扑救工作

B. 实行防火安全责任制

C. 组织防火检查，及时消除火灾隐患

D. 按照国家有关规定配置消防设施和器材、设置消防安全标志

E. 保障疏散通道、安全出口畅通，并设置符合国家规定的消防安全疏散标志

正确答案：BCDE

24. 根据《建设工程安全生产管理条例》规定，建设工程，是指（　　）。

A. 土木工程　　B. 建筑工程　　C. 线路管道工程　　D. 设备安装工程

E. 装修工程

正确答案：ABCDE

25. 根据《建设工程安全生产管理条例》规定，县级以上人民政府负有建设工程安全生产监督管理职责的部门在各自的职责范围内履行安全监督检查职责时，有权采取的措施有（   ）。

   A. 要求被检查单位提供有关建设工程安全生产的文件和资料

   B. 进入被检查单位施工现场进行检查

   C. 纠正施工中违反安全生产要求的行为

   D. 对检查中发现的安全事故隐患，责令立即排除；重大安全事故隐患排除前或者排除过程中无法保证安全的，责令从危险区域内撤出作业人员或者暂时停止施工

   E. 在检查中发现重大安全事故隐患，有权责令被检查单位停业整顿

   正确答案：ABCD

26. 《建设工程安全生产管理条例》明确了建设工程安全生产责任主体，下列属于建设工程安全生产责任主体的有（   ）。

   A. 建设单位　　　　　　　　　　B. 工程造价咨询机构

   C. 物业管理公司　　　　　　　　D. 勘察、设计单位

   E. 起重机械和整体提升脚手架、模板等自升式架设设施的安装、拆卸单位

   正确答案：ADE

27. 依据《建设工程安全生产管理条例》规定，下列对工程监理单位安全生产责任的叙述，正确的有（   ）。

   A. 工程监理单位在实施监理过程中，发现存在安全事故隐患的，应当要求施工单位整改

   B. 发现存在安全事故隐患情况严重，施工单位拒不整改或者不停止施工的，工程监理单位应当及时向安全生产综合监督管理部门报告

   C. 发现施工单位的施工组织设计存在重大缺陷的，工程监理单位应当责令施工单位修改

   D. 工程监理单位和监理工程师应当按照法律、法规和工程建设强制性标准实施监理，并对建设工程安全生产承担监理责任

   E. 工程监理单位应当审查施工组织设计中的安全技术措施或者专项施工方案是否符合工程建设强制性标准

   正确答案：ADE

28. 《建设工程安全生产管理条例》规定，施工单位的（   ）应当经建设行政主管部门或者其他有关部门考核合格后方可任职。

   A. 主要负责人　　B. 技术负责人　　C. 施工负责人　　D. 项目负责人

   E. 专职安全生产管理人员

   正确答案：ADE

29.《建设工程安全生产管理条例》规定，施工单位应当在施工现场建立消防安全责任制度，可采取的措施有（　　）。

A. 确定消防安全责任人

B. 制定用火、用电、使用易燃易爆材料等各项消防安全管理制度和操作规程

C. 设置消防通道、消防水源

D. 配备消防设施和灭火器材

E. 在施工现场设置安全标志

正确答案：ABCD

30.《建设工程安全生产管理条例》规定，施工单位应当建立健全安全生产教育培训制度，加强对职工安全生产的教育培训管理，从（　　）等方面给予保障，确保安全教育培训质量和覆盖面。

A. 资金　　　B. 物力　　　C. 时间　　　D. 人力

E. 技术

正确答案：ABCD

31.《建设工程安全生产管理条例》规定，安全教育培训内容主要有：（　　）培训。

A. 三级安全教育、岗位安全培训

B. 年度安全教育培训

C. 变换工种、变换工地的安全培训教育

D. 采用新技术、新工艺、新设备、新材料的安全培训教育

E. 经常性安全教育培训

正确答案：ABCDE

32.《建设工程安全生产管理条例》所称建设工程，包括（　　）。

A. 土木工程　　　　　　　　B. 建筑工程

C. 线路管道工程　　　　　　D. 设备安装工程

E. 装修工程

正确答案：ABCDE

33.《建设工程安全生产管理条例》规定，建设单位应当向施工单位提供（　　）并保证资料的真实、准确、完整。

A. 施工现场及毗邻区域内供水、排水、供电、供热等地下管线资料

B. 气象观测资料

C. 水文观测资料

D. 相邻建筑物和构筑物有关资料

E. 地下工程有关资料

正确答案：ABCDE

34.《建设工程安全生产管理条例》规定，勘察单位在勘察作业时，应当严格执行操作规程，采取措施保证（　　）的安全。

A. 管线
B. 设施
C. 周边建筑物、构筑物
D. 环境
E. 卫生

正确答案：ABC

35.《建设工程安全生产管理条例》规定，施工单位从事建设工程的新建、扩建、改建和拆除等活动，应当具备（　　），依法取得相应等级的资质证书，并在其资质等级许可的范围内承揽工程。

A. 作业环境
B. 注册资本
C. 专业技术人员
D. 技术装备
E. 安全生产条件

正确答案：BCDE

36.《建设工程安全生产管理条例》规定，施工单位对列入建设工程概算的安全作业环境及安全施工措施所需费用，应当用于（　　），不得挪作他用。

A. 施工安全防护用具及设施的采购和更新
B. 安全施工措施的落实
C. 发放职工工资
D. 安全生产条件的改善
E. 补偿损失

正确答案：ABD

37.《建设工程安全生产管理条例》规定，施工单位应当在施工组织设计中编制安全技术措施和施工现场临时用电方案，对（　　）等达到一定规模的危险性较大的分部分项工程编制专项施工方案。

A. 基坑支护与降水工程
B. 土方开挖工程
C. 起重吊装工程
D. 拆除、爆破工程
E. 模板工程

正确答案：ABCDE

38.《建设工程安全生产管理条例》规定，（　　）应当经建设行政主管部门或者其他有关部门考核合格后方可任职。

A. 工会负责人
B. 施工单位的主要负责人
C. 项目负责人
D. 专职安全生产管理人员
E. 财务负责人

正确答案：BCD

39.《建设工程安全生产管理条例》规定，施工单位对事故应急和救援，应当（　　），并定期组织演练。

A. 配备必要的应急救援器材、设备　　B. 制定应急救援预案

C. 建立应急救援组织　　D. 配备应急救援人员

E. 以上选项全包括

正确答案：ABCDE

40. 167号公约在实施的过程中，强调了（　　）三结合的原则。对于任何一项标准、措施在制定、实施和奖罚时都要由三方共同商议，以三方都能接受的原则而确定三方共同执行。

A. 政府　　B. 中介机构　　C. 社会团体　　D. 雇主

E. 工人

正确答案：ADE

三、判断题（答案 A 表示说法正确，答案 B 表示说法不正确。）

1. 安全生产法律法规是指调整在生产过程中产生的与劳动者或生产人员的安全与健康，以及生产资料和社会财富安全保障有关的各种社会关系的法律规范的总和。

正确答案：A

2. 依法治国是我国的基本方略，是加强安全生产法制建设是安全生产工作的最基本条件之一。

正确答案：A

3. 建筑活动中的民事关系是指发生在建筑活动过程中各方参与主体之间、单位和从业人员之间的民事权利义务关系，直接关系着个人的权益，与国家、社会利益无关。

正确答案：B

4. 生产经营单位的从业人员有依法获得安全生产保障的权利。

正确答案：A

5.《安全生产法》规定，生产经营单位应当具备的安全生产条件所必需的资金投入，由生产经营单位的决策机构、主要负责人予以保证，并对由于安全生产所必需的资金投入不足导致的后果承担责任。

正确答案：A

6. 生产经营规模较小的建筑施工单位，可以不建立应急救援组织的，应当指定兼职的应急救援人员。

正确答案：B

7. 建筑施工单位应当设置安全生产管理机构或者配备专职安全生产管理人员。

正确答案：A

8. 安全生产管理人员拟订本单位安全生产规章制度、操作规程和生产安全事故应急救援预案。

正确答案：B

9.《安全生产法》规定了生产经营单位主要负责人对本单位安全生产工作所负的职责，其中有组织制定实施本单位安全生产教育和培训计划。

正确答案：A

10. 建设项目安全设施的设计人、设计单位应当对安全设施设计负责。

正确答案：A

11. 安全设备的设计、制造、安装、使用、检测、维修、改造和报废，应当符合地方标准。

正确答案：B

12. 淘汰的危及生产安全的工艺、设备经维修可以使用。

正确答案：B

13. 重大危险源应当登记建档，进行定期检测、评估、监控，并制定应急预案，告知从业人员和相关人员在紧急情况下应当采取的应急措施。

正确答案：A

14. 储存、使用危险物品的仓库与员工宿舍在同一座建筑物内时，应当与员工宿舍保持安全距离。

正确答案：B

15. 企业必须为从业人员提供符合国家标准或者行业标准的劳动防护用品，并监督、教育从业人员按照使用规则佩戴、使用。

正确答案：A

16. 工程项目或设备发包或者出租给不具备安全生产条件或者相应资质的单位或者个人时应签署安全生产管理协议。

正确答案：B

17. 生产经营单位必须依法参加工伤保险，为从业人员缴纳保险费。

正确答案：A

18.《建筑法》规定，有条件的，建筑施工企业应当对施工现场实行封闭管理。

正确答案：A

19.《建筑法》规定，建设单位应当向建筑施工企业提供与施工现场相关的地下管线资料，建筑施工企业应当采取措施加以保护。

正确答案：A

20.《建筑法》规定，建筑施工企业的技术负责人对本企业的安全生产负责。

正确答案：B

21.《建筑法》规定，建筑施工企业应当建立健全劳动安全生产教育培训制度，加强对职工安全生产的教育培训。

正确答案：A

22. 根据《建筑法》规定，鼓励建筑施工企业为从事危险作业的职工办理意外伤害保险，支付保险费。

正确答案：A

23.《环境保护法》规定，产生环境污染和其他公害的单位，必须把环境保护工作纳入计划，建立环境保护责任制度。

正确答案：A

24. 特种设备的使用应当具有规定的安全距离、安全防护措施。

正确答案：A

25. 特种设备使用单位应当按照安全技术规范的要求，在检验合格有效期届满15日前向特种设备检验机构提出定期检验要求。

正确答案：B

26. 特种设备进行改造、修理后不经检验可继续使用。

正确答案：B

27.《环境噪声污染防治法》规定，在城市市区范围内不得向周围生活环境排放建筑施工噪声；在市区外向周围环境排放建筑施工噪声的，应当符合国家规定的建筑施工场界环境噪声排放标准。

正确答案：B

28.《环境噪声污染防治法》规定，在城市市区噪声敏感建筑物集中区域内，无论何种情况，均禁止夜间进行产生环境噪声污染的建筑施工作业。

正确答案：B

29.《环境噪声污染防治法》规定，夜间作业，必须公告附近居民。

正确答案：A

30.《固体废物污染环境防治法》规定，建筑施工单位应当及时清运、处置建筑施工过程中产生的垃圾，并采取措施，防止污染环境。

正确答案：A

31.《大气污染防治法》规定，在城市市区进行建设施工或者从事其他产生扬尘污染活动的单位，必须按照当地环境保护的规定，采取防治火灾的措施。

正确答案：B

32.《消防法》规定，施工现场应按照标准配置消防设施、器材，设置消防安全标志，并定期组织检验、维修，确保完好有效。

正确答案：A

33. 《民法通则》规定，污染环境造成他人损害的，应当依法承担民事责任。

正确答案：A

34. 《劳动合同法》规定在本单位连续工作满 15 年，且距法定退休年龄不足 5 年的，用人单位不得解除劳动合同。

正确答案：A

35. 建设单位应当向建设主管部门申请消防验收。

正确答案：B

36. 施工企业的主要负责人是本单位的消防安全责任人。

正确答案：A

37. 《建设工程安全生产管理条例》规定，建设行政主管部门或其他有关部门可以将施工现场的监督检查委托给建设工程安全监督机构具体实施。

正确答案：A

38. 《建设工程安全生产管理条例》规定，建设单位在申请领取施工许可证时，应当提供建设工程有关安全施工措施的资料。

正确答案：A

39. 施工单位应当在施工现场入口处、施工起重机械、出入通道口、楼梯口、孔洞口、桥梁口等危险部位，设置明显的安全警示标志。

正确答案：A

40. 《建设工程安全生产管理条例》规定，施工单位在编制工程概算时，应当确定建设工程安全作业环境及安全施工措施所需费用。

正确答案：B

41. 《建设工程安全生产管理条例》规定，施工单位采购、租赁的安全防护用具、机械设备、施工机具及配件，应当具有生产（制造）许可证、产品使用说明书，并在进入施工现场前进行查验。

正确答案：B

42. 《建设工程安全生产管理条例》规定，施工现场的安全防护用具、机械设备必须由专人管理，定期进行检查、维修和保养。

正确答案：A

43. 《建设工程安全生产管理条例》规定，使用承租的机械设备和施工机具及配件的，由施工总承包单位、分包单位和出租单位共同进行验收。

正确答案：B

44. 在施工中发生危及人身安全的紧急情况时，作业人员有权立即停止作业或者在采取必要的应急措施后撤离危险区域。

正确答案：A

45.《建设工程安全生产管理条例》规定,施工单位应当制定本单位生产安全事故应急救援预案,建立应急救援组织或者配备应急救援人员,配备必要的应急救援器材、设备,并定期组织演练。

正确答案：A

46. 按照《建设工程安全生产管理条例》规定,实行施工总承包的,工程总承包单位和分包单位按照应急救援预案,各自建立应急救援组织或者配备应急救援人员,配备救援器材、设备,并定期组织演练。

正确答案：A

47.《建设工程安全生产管理条例》规定,施工单位应当口头告知作业人员危险岗位的操作规程和违章操作的危害。

正确答案：B

48.《建设工程安全生产管理条例》规定,施工单位必须根据不同施工阶段和周围环境及季节、气候的变化,在施工现场采取相应的安全施工措施；在城市市区内的建设工程的施工现场必须实行封闭围挡。

正确答案：A

49. 依据《建设工程安全生产管理条例》,施工单位严禁在尚未竣工的建筑物内设置员工集体宿舍,严禁在施工现场搭建不符合安全使用要求的临时建筑物。

正确答案：A

50. 依据《建设工程安全生产管理条例》,施工单位可以在尚未竣工的建筑物内设置符合安全使用要求的员工集体宿舍。

正确答案：B

51.《建设工程安全生产管理条例》规定,建设单位不得对勘察、设计、施工、工程监理等单位提出不符合建设工程安全生产法律、法规和强制性标准规定的要求,可以压缩合同约定的工期。

正确答案：B

52.《建设工程安全生产管理条例》规定,建设单位不得明示或者暗示施工单位购买、租赁、使用不符合安全施工要求的安全防护用具、机械设备、施工机具及配件、消防设施和器材。

正确答案：A

53.《建设工程安全生产管理条例》规定,安全生产教育培训考核不合格的人员,不得上岗。

正确答案：A

54.《建设工程安全生产管理条例》规定,勘察单位应当按照法律、法规和工程建设强制性标准进行勘察,提供的勘察文件应当真实、准确,满足建设工程安全生产的需要。

正确答案：A

55.《建设工程安全生产管理条例》规定，设计单位应当考虑施工安全操作和防护的需要，对涉及施工安全的重点部位和环节在设计文件中注明，并对防范生产安全事故提出指导意见。

正确答案：A

56.《建设工程安全生产管理条例》规定，建设单位和注册建筑师等注册执业人员应当对其设计负责。

正确答案：B

57.《建设工程安全生产管理条例》规定，施工单位和监理工程师应当按照法律、法规和工程建设强制性标准实施监理，并对建设工程安全生产承担监理责任。

正确答案：B

58.《建设工程安全生产管理条例》规定，安装、拆卸施工起重机械和整体提升脚手架、模板等自升式架设设施，应当编制拆装方案、制定安全施工措施，并由专业技术人员现场监督。

正确答案：A

59.《建设工程安全生产管理条例》规定，检验检测机构对检测合格的施工起重机械，应当出具安全合格证明文件，并对检测结果负责。

正确答案：A

60.《建设工程安全生产管理条例》规定，施工单位应当设立安全生产管理机构，配备专职安全生产管理人员。

正确答案：A

61.《建设工程安全生产管理条例》规定，建设工程施工前，监理方应当对有关安全施工的技术要求向施工作业班组、作业人员作出详细说明，并由双方签字确认。

正确答案：B

62.《建设工程安全生产管理条例》规定，施工现场暂时停止施工的，施工单位应当做好现场防护，所需费用由施工单位承担。

正确答案：B

63.《建设工程安全生产管理条例》规定，施工单位对因建设工程施工可能造成损害的毗邻建筑物、构筑物和地下管线等，应当采取一般防护措施。

正确答案：B

64.《建设工程安全生产管理条例》规定，作业人员应当遵守安全施工的强制性标准、规章制度和操作规程，正确使用安全防护用具、机械设备等。

正确答案：A

65.《建设工程安全生产管理条例》规定，国务院铁路、交通、水利等有关部门按照国务院规定的职责分工，负责有关专业建设工程安全生产的监督管理。

正确答案：A

66.《建设工程安全生产管理条例》规定，建设行政主管部门在审核发放施工许可证时，应当对建设工程是否有安全施工措施进行审查，对没有安全施工措施的，暂缓颁发施工许可证。

正确答案：B

67.《建设工程安全生产管理条例》规定，建设行政主管部门或者其他有关部门对建设工程是否有安全施工措施进行审查时，可以收取费用。

正确答案：B

68. 作业人员进入新的岗位或者新的施工现场前，应当接受安全生产教育培训。

正确答案：A

69. 建筑施工企业不得冒用安全生产许可证或者使用伪造的安全生产许可证，可以转让安全生产许可证。

正确答案：B

70. 在城市规划区的建筑工程已经取得建设工程规划许可证是建筑施工企业取得安全生产许可证应当具备的安全生产条件。

正确答案：B

71. 实行总承包的，施工现场分包单位发生生产安全事故，由总承包单位负责统计上报。

正确答案：A

72. 一般事故，是指造成3人死亡，或者10人以下重伤，或者1000万元以下直接经济损失的事故。

正确答案：B

73. 安全生产监督管理部门和负有安全生产监督管理职责的有关部门逐级上报事故情况，每级上报的时间不得超过2小时。

正确答案：A

74. 职工因工作遭受事故伤害或者患职业病进行治疗，享受工伤医疗待遇。

正确答案：A

75. 根据《工伤保险条例》的规定，企业破产的，应当依法拨付由单位支付的工伤保险待遇费用。

正确答案：A

76. 根据《建筑工程施工许可管理办法》的规定，工程投资额在30万元以下或者建筑面积在 300 平方米以下的建筑工程，可以不申请办理施工许可证。

正确答案：A

77. 建筑施工企业变更名称、地址、法定代表人等，应当在变更后 10 日内，到原安全生产许可证颁发管理机关办理安全生产许可证变更手续。

正确答案：A

78. 项目专职安全生产管理人员应当每周在施工现场开展安全检查，现场监督危险性较大的分部分项工程安全专项施工方案实施。

正确答案：B

79. 根据《建筑施工安全检查标准》，建筑施工安全检查的总评分为：优良、合格和不合格三个等级。

正确答案：A

80.《建筑业安全卫生公约》，是现行有效的建筑施工安全卫生的国际标准。

正确答案：A

第 3 章 水利工程建设安全生产法律责任

本 章 要 点

本章主要介绍了水利工程建设安全生产法律责任的基本概念和责任形式，建设各方责任主体安全生产法律责任的简要内容。

3.1 水利工程建设安全生产法律责任概述

法律责任是法律、法规和规章的重要组成部分，占有重要的地位。法律责任的规定是体现法律规范国家强制力的核心部分。如果在一个法律文件中缺乏法律责任的规定，法律所规定的权利和义务就形同虚设，建筑安全生产法律法规也不例外。在有关建筑安全生产法律、法规和规章中，根据其所调整的对象的性质、特点，正确、合理地规定法律责任，对保证建筑安全生产法律、法规和规章的有效实施，保障工程建设的顺利进行，乃至建筑业的健康稳定发展，都具有非常重大的现实意义。

违反建设工程安全生产法律法规的法律责任形式主要有行政责任、刑事责任和民事责任。

1. 行政责任

违反建设工程安全生产法律法规的行政责任主要有行政处罚、行政处分和行政强制措施。

(1) 行政处罚

行政处罚是常用的对违反安全生产法律、法规和规章行为的单位和个人进行制裁的方式，形式有：警告、罚款、责令停产停业整顿、吊销单位资质证书、暂扣或吊销安全生产许可证、降低单位资质等级；暂扣或吊销个人执业（职业）资格证书、降低个人执业资格证书等级；责令注册执业人员在一定期限内停止执业；没收违法所得、没收非法财物。

(2) 行政处分

建筑业企业和企业上级主管部门按照管理权限对有违反安全生产法律、法规和规章行为的管理人员和作业人员、造成重大生产安全事故的责任者所进行的一种行政制裁措施。

(3) 行政强制措施

行政强制措施指建设行政主管部门，或受其委托的执法单位依据安全生产法律、法规和规章的规定,对违法、违规的当事人实施除行政处罚外的其他行政手段,如责令改正、责令停止违法行为、责令补办手续等。

(4) 行政处罚的追究时效

《行政处罚法》规定违法行为在两年内未被发现的,不再给予行政处罚。法律另有规定的除外。前款规定的期限,从违法行为发生之日起计算;违法行为有连续或者继续状态的,从行为终了之日起计算。

2. 刑事责任

对具有严重违反安全生产法律、法规的行为,造成重大生产安全事故及其他严重后果,触犯刑律的管理人员和作业人员,依法追究刑事责任。

3. 民事责任

违反安全生产法律、法规造成损失的,应依法承担赔偿等民事责任。

3.2 建设单位的安全生产法律责任

3.2.1 违反《安全生产法》的责任

生产经营单位的决策机构、主要负责人或者个人经营的投资人不依照本法规定保证安全生产所必需的资金投入,致使生产经营单位不具备安全生产条件的,责令限期改正,提供必需的资金;逾期未改正的,责令生产经营单位停产停业整顿。

有前款违法行为,导致发生生产安全事故的,对生产经营单位的主要负责人给予撤职处分,对个人经营的投资人处二万元以上二十万元以下的罚款;构成犯罪的,依照刑法有关规定追究刑事责任。

3.2.2 违反《建筑法》的责任

建设单位违反《建筑法》规定,要求建筑设计单位或者建筑施工企业违反建筑工程质量、安全标准,降低工程质量的,责令改正,可以处以罚款;构成犯罪的,依法追究刑事责任。

3.2.3 违反《建设工程安全生产管理条例》的责任

(1) 建设单位未提供建设工程安全生产作业环境及安全施工措施所需费用的,责令限期改正;逾期未改正的,责令该建设工程停止施工。建设单位未将保证安全施工的措施或者拆除工程的有关资料报送有关部门备案的,责令限期改正,给予警告。

(2) 建设单位有下列行为之一的,责令限期改正,处 20 万元以上 50 万元以下的罚款;造成重大安全事故,构成犯罪的,对直接责任人员,依照刑法有关规定追究刑事责任；造成损失的，依法承担赔偿责任：

1）对勘察、设计、施工、工程监理等单位提出不符合安全生产法律、法规和强制性标准规定的要求的；

2）要求施工单位压缩合同约定的工期的；

3）将拆除工程发包给不具有相应资质等级的施工单位的。

3.2.4 违反《水利工程建设安全生产管理规定》的责任

违反本规定，需要实施行政处罚的，由水利行政主管部门或者流域管理机构按照《建设工程安全生产管理条例》的规定执行。

3.2.5 违反《实施工程建设强制性标准监督规定》的责任

建设单位有下列行为之一的，责令改正，并处以20万元以上50万元以下的罚款：

（1）明示或者暗示施工单位使用不合格的建筑材料、建筑构配件和设备的；

（2）明示或暗示设计单位或者施工单位违反工程建设强制性标准，降低工程质量的。

3.2.6 违反《水利工程建设项目验收管理规定》的责任

项目法人以及其他参建单位提交验收资料不真实导致验收结论有误的，由提交不真实验收资料的单位承担责任。竣工验收主持单位收回验收鉴定书，对责任单位予以通报批评；造成严重后果的，依照有关法律法规处罚。

3.2.7 违反《水利基本建设项目稽察暂行办法》的责任

对严重违反国家基本建设有关规定的项目，根据情节轻重提出以下单项或多项处理建议：

（一）通报批评；

（二）建议有关部门降低设计、监理、施工、咨询、设备材料供应等有关单位的资质，吊销其资质证书；

（三）建议有关部门暂停拨付项目建设资金；

（四）建议有关部门批准暂停施工；

（五）建议有关部门追究主要责任人员的责任。

被稽察项目有关单位和人员有下列行为之一的，对单位主要负责人员和直接责任人员，由稽察办建议有关方面给予党纪政纪处分；构成犯罪的，移交司法机关依法追究法律责任：

（一）拒绝、阻碍稽察人员依法执行稽察任务或者打击报复稽察人员的；

（二）拒不提供与项目建设有关的文件、资料、合同、协议、财务状况和建设管理情况的资料或者隐匿、伪报资料，或提供假情况、假证词的；

（三）可能影响稽察人员公正履行职责的其他行为。

3.3 勘察、设计单位的安全生产法律责任

3.3.1 违反《建筑法》的责任

建筑设计单位不按照建筑工程质量、安全标准进行设计的，责令改正，处以罚款；造成工程质量事故的，责令停业整顿，降低资质等级或者吊销资质证书，没收违法所得，并处罚款；造成损失的，承担赔偿责任；构成犯罪的，依法追究刑事责任。

3.3.2 违反《建设工程安全生产管理条例》的责任

勘察单位、设计单位有下列行为之一的，责令限期改正，处10万元以上30万元以下的罚款；情节严重的，责令停业整顿，降低资质等级，直至吊销资质证书；造成重大安全事故，构成犯罪的，对直接责任人员，依照刑法有关规定追究刑事责任；造成损失的，依法承担赔偿责任：

（1）未按照法律、法规和工程建设强制性标准进行勘察、设计的；

（2）采用新结构、新材料、新工艺的建设工程和特殊结构的建设工程，设计单位未在设计中提出保障施工作业人员安全和预防生产安全事故的措施建议的。

3.3.3 违反《水利工程建设安全生产管理规定》的责任

违反本规定，需要实施行政处罚的，由水利行政主管部门或者流域管理机构按照《建设工程安全生产管理条例》的规定执行。

3.3.4 违反《实施工程建设强制性标准监督规定》的责任

（1）勘察、设计单位违反工程建设强制性标准进行勘察、设计的，责令改正，并处以10万元以上30万元以下的罚款。

（2）勘察、设计单位违反工程建设强制性标准进行勘察、设计造成工程质量事故的，责令停业整顿，降低资质等；情节严重的，吊销资质证书；造成损失的，依法承担赔偿责任。

3.3.5 违反《水利工程建设项目验收管理规定》的责任

项目法人以及其他参建单位提交验收资料不真实导致验收结论有误的，由提交不

真实验收资料的单位承担责任。竣工验收主持单位收回验收鉴定书，对责任单位予以通报批评；造成严重后果的，依照有关法律法规处罚。

3.3.6 违反《水利基本建设项目稽察暂行办法》的责任

对严重违反国家基本建设有关规定的项目，根据情节轻重提出以下单项或多项处理建议：

（一）通报批评；

（二）建议有关部门降低设计、监理、施工、咨询、设备材料供应等有关单位的资质，吊销其资质证书；

（三）建议有关部门暂停拨付项目建设资金；

（四）建议有关部门批准暂停施工；

（五）建议有关部门追究主要责任人员的责任。

被稽察项目有关单位和人员有下列行为之一的，对单位主要负责人员和直接责任人员，由稽察办建议有关方面给予党纪政纪处分；构成犯罪的，移交司法机关依法追究法律责任：

（一）拒绝、阻碍稽察人员依法执行稽察任务或者打击报复稽察人员的；

（二）拒不提供与项目建设有关的文件、资料、合同、协议、财务状况和建设管理情况的资料或者隐匿、伪报资料，或提供假情况、假证词的；

（三）可能影响稽察人员公正履行职责的其他行为。

3.4 工程监理单位的安全生产法律责任

3.4.1 违反《建设工程安全生产管理条例》的责任

工程监理单位有下列行为之一的，责令限期改正；逾期未改正的，责令停业整顿，并处 10 万元以上 30 万元以下的罚款；情节严重的，降低资质等级，直至吊销资质证书；造成重大安全事故，构成犯罪的，对直接责任人员，依照刑法有关规定追究刑事责任；造成损失的，依法承担赔偿责任：

（1）未对施工组织设计中的安全技术措施或者专项施工方案进行审查的；

（2）发现安全事故隐患未及时要求施工单位整改或者暂时停止施工的；

（3）施工单位拒不整改或者不停止施工，未及时向有关主管部门报告的；

（4）未依照法律、法规和工程建设强制性标准实施监理的。

3.4.2 违反《水利工程建设安全生产管理规定》的责任

违反本规定，需要实施行政处罚的，由水利行政主管部门或者流域管理机构按照

《建设工程安全生产管理条例》的规定执行。

3.4.3 违反《实施工程建设强制性标准监督规定》的责任

工程监理单位违反强制性标准规定，将不合格的建设工程以及建筑材料、建筑构配件和设备按照合格签字的，责令改正，处 50 万元以上 100 万元以下的罚款，降低资质等级或者吊销资质证书；有违法所得的，予以没收；造成损失的，承担连带责任。

3.4.4 违反《水利工程建设项目验收管理规定》的责任

项目法人以及其他参建单位提交验收资料不真实导致验收结论有误的，由提交不真实验收资料的单位承担责任。竣工验收主持单位收回验收鉴定书，对责任单位予以通报批评；造成严重后果的，依照有关法律法规处罚。

3.4.5 违反《水利基本建设项目稽察暂行办法》的责任

对严重违反国家基本建设有关规定的项目，根据情节轻重提出以下单项或多项处理建议：

（一）通报批评；

（二）建议有关部门降低设计、监理、施工、咨询、设备材料供应等有关单位的资质，吊销其资质证书；

（三）建议有关部门暂停拨付项目建设资金；

（四）建议有关部门批准暂停施工；

（五）建议有关部门追究主要责任人员的责任。

被稽察项目有关单位和人员有下列行为之一的，对单位主要负责人员和直接责任人员，由稽察办建议有关方面给予党纪政纪处分；构成犯罪的，移交司法机关依法追究法律责任：

（一）拒绝、阻碍稽察人员依法执行稽察任务或者打击报复稽察人员的；

（二）拒不提供与项目建设有关的文件、资料、合同、协议、财务状况和建设管理情况的资料或者隐匿、伪报资料，或提供假情况、假证词的；

（三）可能影响稽察人员公正履行职责的其他行为。

3.5 施工单位的安全生产法律责任

3.5.1 违反《建筑法》的责任

建筑施工企业违反《建筑法》规定，对建筑安全事故隐患不采取措施予以消除的，责令改正,可以处以罚款;情节严重的,责令停业整顿,降低资质等级或者吊销资质证书;构成犯罪的,依法追究刑事责任。

建筑施工企业的管理人员违章指挥、强令职工冒险作业,因而发生重大伤亡事故或者造成其他严重后果的,依法追究刑事责任。

3.5.2 违反《安全生产法》的责任

(1) 生产经营单位的决策机构、主要负责人,个人经营的投资人未依照本法规定保证安全生产所必需的资金投入,致使生产经营单位不具备安全生产条件的,责令限期改正,提供必需的资金;逾期未改正的,责令生产经营单位停产停业整顿。

有前款违法行为,导致发生生产安全事故的,对生产经营单位的主要负责人给予撤职处分,对个人经营的投资人处二万元以上二十万元以下的罚款;构成犯罪的,依照刑法有关规定追究刑事责任。

(2) 生产经营单位的主要负责人未履行本法规定的安全生产管理职责的,责令限期改正;逾期未改正的,处二万元以上五万元以下的罚款,责令生产经营单位停产停业整顿。

生产经营单位的主要负责人有前款违法行为,导致发生生产安全事故的,给予撤职处分;构成犯罪的,依照刑法有关规定追究刑事责任。

生产经营单位的主要负责人依照前款规定受刑事处罚或者撤职处分的,自刑罚执行完毕或者受处分之日起,五年内不得担任任何生产经营单位的主要负责人;对重大、特别重大生产安全事故负有责任的,终身不得担任本行业生产经营单位的主要负责人。

(3) 生产经营单位有下列行为之一的,责令限期改正,可以处五万元以下的罚款;逾期未改正的,责令停产停业整顿,并处五万元以上十万元以下的罚款,对其直接负责的主管人员和其他直接责任人员处一万元以上二万元以下的罚款:

1) 未按照规定设置安全生产管理机构或者配备安全生产管理人员的;

2) 危险物品的生产、经营、储存单位以及矿山、金属冶炼、建筑施工、道路运输单位的主要负责人和安全生产管理人员未按照规定经考核合格的;

3) 未按照规定对从业人员、被派遣劳动者、实习学生进行安全生产教育和培训,或者未按照规定如实告知有关的安全生产事项的;

4) 未如实记录安全生产教育和培训情况的;

5) 未将事故隐患排查治理情况如实记录或者未向从业人员通报的;

6) 未按照规定制定生产安全事故应急救援预案或者未定期组织演练的;

7) 特种作业人员未按照规定经专门的安全作业培训并取得相应资格,上岗作业的。

(4) 生产经营单位有下列行为之一的,责令限期改正,可以处五万元以下的罚款;逾期未改正的,处五万元以上二十万元以下的罚款,对其直接负责的主管人员和其他直接责任人员处一万元以上二万元以下的罚款；情节严重的，责令停产停业整顿；构成犯罪的，依照刑法有关规定追究刑事责任：

1）未在有较大危险因素的生产经营场所和有关设施、设备上设置明显的安全警示标志的；

2）安全设备的安装、使用、检测、改造和报废不符合国家标准或者行业标准的；

3）未对安全设备进行经常性维护、保养和定期检测的；

4）未为从业人员提供符合国家标准或者行业标准的劳动防护用品的；

5）危险物品的容器、运输工具，以及涉及人身安全、危险性较大的海洋石油开采特种设备和矿山井下特种设备未经具有专业资质的机构检测、检验合格，取得安全使用证或者安全标志，投入使用的；

6）使用应当淘汰的危及生产安全的工艺、设备的。

（5）生产经营单位有下列行为之一的，责令限期改正，可以处十万元以下的罚款；逾期未改正的，责令停产停业整顿，并处十万元以上二十万元以下的罚款，对其直接负责的主管人员和其他直接责任人员处二万元以上五万元以下的罚款；构成犯罪的，依照刑法有关规定追究刑事责任：

1）生产、经营、运输、储存、使用危险物品或者处置废弃危险物品，未建立专门安全管理制度、未采取可靠的安全措施的；

2）对重大危险源未登记建档，或者未进行评估、监控，或者未制定应急预案的；

3）进行爆破、吊装以及国务院安全生产监督管理部门会同国务院有关部门规定的其他危险作业，未安排专门人员进行现场安全管理的；

4）未建立事故隐患排查治理制度的。

（6）生产经营单位未采取措施消除事故隐患的，责令立即消除或者限期消除；生产经营单位拒不执行的，责令停产停业整顿，并处十万元以上五十万元以下的罚款，对其直接负责的主管人员和其他直接责任人员处二万元以上五万元以下的罚款。

（7）生产经营单位将生产经营项目、场所、设备发包或者出租给不具备安全生产条件或者相应资质的单位或者个人的，责令限期改正，没收违法所得；违法所得十万元以上的，并处违法所得二倍以上五倍以下的罚款；没有违法所得或者违法所得不足十万元的，单处或者并处十万元以上二十万元以下的罚款；对其直接负责的主管人员和其他直接责任人员处一万元以上二万元以下的罚款；导致发生生产安全事故给他人造成损害的，与承包方、承租方承担连带赔偿责任。

生产经营单位未与承包单位、承租单位签订专门的安全生产管理协议或者未在承包合同、租赁合同中明确各自的安全生产管理职责，或者未对承包单位、承租单位的安全生产统一协调、管理的，责令限期改正，可以处五万元以下的罚款，对其直接负责的主管人员和其他直接责任人员可以处一万元以下的罚款；逾期未改正的，责令停产停业整顿。

(8) 两个以上生产经营单位在同一作业区域内进行可能危及对方安全生产的生产经营活动,未签订安全生产管理协议或者未指定专职安全生产管理人员进行安全检查与协调的,责令限期改正,可以处五万元以下的罚款,对其直接负责的主管人员和其他直接责任人员可以处一万元以下的罚款;逾期未改正的,责令停产停业。

(9) 生产经营单位有下列行为之一的,责令限期改正,可以处五万元以下的罚款,对其直接负责的主管人员和其他直接责任人员可以处一万元以下的罚款;逾期未改正的,责令停产停业整顿;构成犯罪的,依照刑法有关规定追究刑事责任:

1) 生产、经营、储存、使用危险物品的车间、商店、仓库与员工宿舍在同一座建筑内,或者与员工宿舍的距离不符合安全要求的;

2) 生产经营场所和员工宿舍未设有符合紧急疏散需要、标志明显、保持畅通的出口,或者锁闭、封堵生产经营场所或者员工宿舍出口的。

(10) 生产经营单位与从业人员订立协议,免除或者减轻其对从业人员因生产安全事故伤亡依法应承担的责任的,该协议无效;对生产经营单位的主要负责人、个人经营的投资人处二万元以上十万元以下的罚款。

(11) 生产经营单位的从业人员不服从管理,违反安全生产规章制度或者操作规程的,由生产经营单位给予批评教育,依照有关规章制度给予处分;构成犯罪的,依照刑法有关规定追究刑事责任。

(12) 违反本法规定,生产经营单位拒绝、阻碍负有安全生产监督管理职责的部门依法实施监督检查的,责令改正;拒不改正的,处二万元以上二十万元以下的罚款;对其直接负责的主管人员和其他直接责任人员处一万元以上二万元以下的罚款;构成犯罪的,依照刑法有关规定追究刑事责任。

(13) 生产经营单位的主要负责人在本单位发生生产安全事故时,不立即组织抢救或者在事故调查处理期间擅离职守或者逃匿的,给予降级、撤职的处分,并由安全生产监督管理部门处上一年年收入百分之六十至百分之一百的罚款;对逃匿的处十五日以下拘留;构成犯罪的,依照刑法有关规定追究刑事责任。

生产经营单位的主要负责人对生产安全事故隐瞒不报、谎报或者迟报的,依照前款规定处罚。

(14) 生产经营单位不具备本法和其他有关法律、行政法规和国家标准或者行业标准规定的安全生产条件,经停产停业整顿仍不具备安全生产条件的,予以关闭;有关部门应当依法吊销其有关证照。

(15) 发生生产安全事故,对负有责任的生产经营单位除要求其依法承担相应的赔偿等责任外,由安全生产监督管理部门依照下列规定处以罚款:

1) 发生一般事故的,处二十万元以上五十万元以下的罚款;

2) 发生较大事故的,处五十万元以上一百万元以下的罚款;

3) 发生重大事故的,处一百万元以上五百万元以下的罚款;

4) 发生特别重大事故的,处五百万元以上一千万元以下的罚款;情节特别严重的,处一千万元以上二千万元以下的罚款。

(16) 生产经营单位发生生产安全事故造成人员伤亡、他人财产损失的,应当依法承担赔偿责任;拒不承担或者其负责人逃匿的,由人民法院依法强制执行。

生产安全事故的责任人未依法承担赔偿责任,经人民法院依法采取执行措施后,仍不能对受害人给予足额赔偿的,应当继续履行赔偿义务;受害人发现责任人有其他财产的,可以随时请求人民法院执行。

3.5.3 违反《特种设备安全法》的责任

(1) 特种设备安装、改造、修理的施工单位在施工前未书面告知负责特种设备安全监督管理的部门即行施工的,或者在验收后三十日内未将相关技术资料和文件移交特种设备使用单位的,责令限期改正;逾期未改正的,处一万元以上十万元以下罚款。

(2) 特种设备使用单位有下列行为之一的,责令限期改正;逾期未改正的,责令停止使用有关特种设备,处一万元以上十万元以下罚款:

1) 使用特种设备未按照规定办理使用登记的;

2) 未建立特种设备安全技术档案或者安全技术档案不符合规定要求,或者未依法设置使用登记标志、定期检验标志的;

3) 未对其使用的特种设备进行经常性维护保养和定期自行检查,或者未对其使用的特种设备的安全附件、安全保护装置进行定期校验、检修,并作出记录的;

4) 未按照安全技术规范的要求及时申报并接受检验的;

5) 未按照安全技术规范的要求进行锅炉水(介)质处理的;

6) 未制定特种设备事故应急专项预案的。

(3) 特种设备使用单位有下列行为之一的,责令停止使用有关特种设备,处三万元以上三十万元以下罚款:

1) 使用未取得许可生产,未经检验或者检验不合格的特种设备,或者国家明令淘汰、已经报废的特种设备的;

2) 特种设备出现故障或者发生异常情况,未对其进行全面检查、消除事故隐患,继续使用的;

3) 特种设备存在严重事故隐患,无改造、修理价值,或者达到安全技术规范规定的其他报废条件,未依法履行报废义务,并办理使用登记证书注销手续的。

(4) 特种设备生产、经营、使用单位有下列情形之一的,责令限期改正;逾期未改正的,责令停止使用有关特种设备或者停产停业整顿,处一万元以上五万元以下罚款：

1）未配备具有相应资格的特种设备安全管理人员、检测人员和作业人员的；

2）使用未取得相应资格的人员从事特种设备安全管理、检测和作业的；

3）未对特种设备安全管理人员、检测人员和作业人员进行安全教育和技能培训的。

特种设备安全管理人员、检测人员和作业人员不履行岗位职责，违反操作规程和有关安全规章制度，造成事故的，吊销相关人员的资格。

（5）特种设备生产、经营、使用单位或者检验、检测机构拒不接受负责特种设备安全监督管理的部门依法实施的监督检查的，责令限期改正；逾期未改正的，责令停产停业整顿，处二万元以上二十万元以下罚款。

（6）特种设备生产、经营、使用单位擅自动用、调换、转移、损毁被查封、扣押的特种设备或者其主要部件的，责令改正，处五万元以上二十万元以下罚款；情节严重的，吊销生产许可证，注销特种设备使用登记证书。

3.5.4 违反《建设工程安全生产管理条例》的责任

（1）施工单位有下列行为之一的，责令限期改正；逾期未改正的，责令停业整顿，依照《安全生产法》的有关规定处以罚款；造成重大安全事故，构成犯罪的，对直接责任人员，依照刑法有关规定追究刑事责任：

1）未设立安全生产管理机构、配备专职安全生产管理人员或者分部分项工程施工时无专职安全生产管理人员现场监督的；

2）施工单位的主要负责人、项目负责人、专职安全生产管理人员、作业人员或者特种作业人员，未经安全教育培训或者考核不合格即从事相关工作的；

3）未在施工现场的危险部位设置明显的安全警示标志，或者未按照国家有关规定在施工现场设置消防通道、消防水源、配备消防设施和灭火器材的；

4）未向作业人员提供安全防护用具和安全防护服装的；

5）未按照规定在施工起重机械和整体提升脚手架、模板等自升式架设设施验收合格后登记的；

6）使用国家明令淘汰、禁止使用的危及施工安全的工艺、设备、材料的。

（2）施工单位挪用列入建设工程概算的安全生产作业环境及安全施工措施所需费用的，责令限期改正，处挪用费用20%以上50%以下的罚款；造成损失的，依法承担赔偿责任。

（3）施工单位有下列行为之一的，责令限期改正；逾期未改正的，责令停业整顿，并处5万元以上10万元以下的罚款；造成重大安全事故，构成犯罪的，对直接责任人员，依照刑法有关规定追究刑事责任：

1）施工前未对有关安全施工的技术要求作出详细说明的；

2）未根据不同施工阶段和周围环境及季节、气候的变化，在施工现场采取相应的安全施工措施，或者在城市市区内的建设工程的施工现场未实行封闭围挡的；

3）在尚未竣工的建筑物内设置员工集体宿舍的；

4）施工现场临时搭建的建筑物不符合安全使用要求的；

5）未对因建设工程施工可能造成损害的毗邻建筑物、构筑物和地下管线等采取专项防护措施的。

施工单位有上述第4）、5）项行为，造成损失的，依法承担赔偿责任。

施工单位有下列行为之一的，责令限期改正；逾期未改正的，责令停业整顿，并处10万元以上30万元以下的罚款；情节严重的，降低资质等级，直至吊销资质证书；造成重大安全事故，构成犯罪的，对直接责任人员，依照刑法有关规定追究刑事责任；造成损失的，依法承担赔偿责任：

1）安全防护用具、机械设备、施工机具及配件在进入施工现场前未经查验或者查验不合格即投入使用的；

2）使用未经验收或者验收不合格的施工起重机械和整体提升脚手架、模板等自升式架设设施的；

3）委托不具有相应资质的单位承担施工现场安装、拆卸施工起重机械和整体提升脚手架、模板等自升式架设设施的；

4）在施工组织设计中未编制安全技术措施、施工现场临时用电方案或者专项施工方案的；

5）施工单位取得资质证书后，降低安全生产条件的，责令限期改正；经整改仍未达到与其资质等级相适应的安全生产条件的，责令停业整顿，降低其资质等级直至吊销资质证书。

3.5.5 违反《安全生产许可证条例》的责任

（1）未取得安全生产许可证擅自进行生产的，责令停止生产，没收违法所得，并处10万元以上50万元以下罚款；造成重大事故或者其他严重后果，构成犯罪的，依法追究刑事责任。

（2）安全生产许可证有效期满未办理延期手续，继续进行生产的，责令停止生产，限期补办延期手续，没收违法所得，并处5万元以上10万元以下罚款；逾期仍不办理延期手续，继续进行生产的，责令停止生产，没收违法所得，并处10万元以上50万元以下罚款；造成重大事故或者其他严重后果，构成犯罪的，依法追究刑事责任。

（3）转让安全生产许可证的，没收违法所得，处10万元以上50万元以上的罚款，并吊销其安全生产许可证；构成犯罪的，依法追究刑事责任；接受转让的，依照本条例第十九条的规定处罚。冒用安全生产许可证或者使用伪造的安全生产许可证的，依照本条例第十九条的规定处罚。

（4）《安全生产许可证条例》施行前已经进行生产的企业，应当自条例施行之日起1年内，依照本条例的规定向安全生产许可证颁发管理机关申请办理安全生产许可证；逾期不办理安全生产许可证，或者经审查不符合条例规定的安全生产条件，未取得安全生产许可证，继续进行生产的，依照本条例第十九条的规定处罚。

3.5.6　违反《生产安全事故报告和调查处理条例》的责任

（1）事故发生单位及其有关人员有下列行为之一的，对事故发生单位处100万元以上500万元以下的罚款；对主要负责人、直接负责的主管人员和其他直接责任人员处上一年年收入60%至100%的罚款，构成犯罪的，依法追究刑事责任：

1）谎报或者瞒报事故的；
2）伪造或者故意破坏事故现场的；
3）转移、隐匿资金、财产，或者销毁有关证据、资料的；
4）拒绝接受调查或者拒绝提供有关情况和资料的；
5）在事故调查中作伪证或者指使他人作伪证的；
6）事故发生后逃匿的。

（2）当事故发生单位及其有关人员有下列行为之一的，对事故发生单位处100万元以上500万元以下的罚款；对主要负责人、直接负责的主管人员和其他直接责任人员处上一年年收入60%至100%的罚款；属于国家工作人员的，并依法给予处分；构成违反治安管理行为的，由公安机关依法给予治安管理处罚；构成犯罪的，依法追究刑事责任：

1）谎报或者瞒报事故的；
2）伪造或者故意破坏事故现场的；
3）转移、隐匿资金、财产，或者销毁有关证据、资料的；
4）拒绝接受调查或者拒绝提供有关情况和资料的；
5）在事故调查中作伪证或者指使他人作伪证的；
6）事故发生后逃匿的。

3.5.7　违反《实施工程建设强制性标准监督规定》的责任

施工单位违反工程建设强制性标准的，责令改正，处工程合同价款2%以上4%以下的罚款；情节严重的，责令停业整顿，降低资质等级或者吊销资质证书。

3.5.8　违反《建筑施工企业安全生产许可证管理规定》的责任

（1）取得安全生产许可证的建筑施工企业，发生重大安全事故的，暂扣安全生产许可证并限期整改。

(2) 建筑施工企业不再具备安全生产条件的，暂扣安全生产许可证并限期整改；情节严重的，吊销安全生产许可证。

(3) 建筑施工企业未取得安全生产许可证擅自从事建筑施工活动的，责令其在建项目停止施工，没收违法所得，并处 10 万元以上 50 万元以下的罚款；造成重大安全事故或者其他严重后果，构成犯罪的，依法追究刑事责任。

(4) 安全生产许可证有效期满未办理延期手续，继续从事建筑施工活动的，责令其在建项目停止施工，限期补办延期手续，没收违法所得，并处 5 万元以上 10 万元以下的罚款；逾期仍不办理延期手续，继续从事建筑施工活动的，责令其在建项目停止施工，没收违法所得，并处 10 万元以上 50 万元以下的罚款；造成重大安全事故或者其他严重后果，构成犯罪的，依法追究刑事责任。

(5) 建筑施工企业转让安全生产许可证的，没收违法所得，处 10 万元以上 50 万元以下的罚款，并吊销安全生产许可证；构成犯罪的，依法追究刑事责任；接受转让的，责令其在建项目停止施工，没收违法所得，并处 10 万元以上 50 万元以下的罚款；造成重大安全事故或者其他严重后果，构成犯罪的，依法追究刑事责任。

冒用安全生产许可证或者使用伪造的安全生产许可证的，责令其在建项目停止施工，没收违法所得，并处 10 万元以上 50 万元以下的罚款；造成重大安全事故或者其他严重后果，构成犯罪的，依法追究刑事责任。

(6) 建筑施工企业隐瞒有关情况或者提供虚假材料申请安全生产许可证的，不予受理或者不予颁发安全生产许可证，并给予警告，1 年内不得申请安全生产许可证。

建筑施工企业以欺骗、贿赂等不正当手段取得安全生产许可证的，撤销安全生产许可证，3 年内不得再次申请安全生产许可证；构成犯罪的，依法追究刑事责任。

3.5.9　违反《水利工程建设安全生产管理规定》的责任

违反本规定，需要实施行政处罚的，由水利行政主管部门或者流域管理机构按照《建设工程安全生产管理条例》的规定执行。

3.5.10　违反《水利工程建设项目验收管理规定》的责任

项目法人以及其他参建单位提交验收资料不真实导致验收结论有误的，由提交不真实验收资料的单位承担责任。竣工验收主持单位收回验收鉴定书，对责任单位予以通报批评；造成严重后果的，依照有关法律法规处罚。

3.5.11　违反《水利基本建设项目稽察暂行办法》的责任

对严重违反国家基本建设有关规定的项目，根据情节轻重提出以下单项或多项处理建议：

（一）通报批评；

（二）建议有关部门降低设计、监理、施工、咨询、设备材料供应等有关单位的资质，吊销其资质证书；

（三）建议有关部门暂停拨付项目建设资金；

（四）建议有关部门批准暂停施工；

（五）建议有关部门追究主要责任人员的责任。

被稽察项目有关单位和人员有下列行为之一的，对单位主要负责人员和直接责任人员，由稽察办建议有关方面给予党纪政纪处分；构成犯罪的，移交司法机关依法追究法律责任：

（一）拒绝、阻碍稽察人员依法执行稽察任务或者打击报复稽察人员的；

（二）拒不提供与项目建设有关的文件、资料、合同、协议、财务状况和建设管理情况的资料或者隐匿、伪报资料，或提供假情况、假证词的；

（三）可能影响稽察人员公正履行职责的其他行为。

3.5.12 违反《水利水电工程施工企业主要负责人、项目负责人和专职安全生产管理人员安全生产考核管理办法》的责任

有下列情形之一的，发证机关应及时收回证书并重新考核：

（一）企业主要负责人所在企业发生1起及以上重大、特大等级生产安全事故或2起及以上较大生产安全事故，且本人负有责任的；

（二）项目负责人所在工程项目发生过1起及以上一般及以上等级生产安全事故，且本人负有责任的；

（三）专职安全管理人员所在工程项目发生过1起及以上一般及以上等级生产安全事故，且本人负有责任的。

在施工各项活动中伪造、仿冒安全生产合格证书的，发证机关应吊销安全生产合格证书，2年内不得重考，构成犯罪的，依照有关规定追究其法律责任。

3.5.13 违反《水利建设工程施工分包管理规定》的责任

违反本办法规定，进行转包、违法分包和出租、出借资质、允许他人以本单位名义承揽工程的，按照《中华人民共和国招标投标法》和《建设工程质量管理条例》等国家法律、法规的规定予以处罚。

3.5.14 其他法律、法规的相关规定

（1）违反《环境保护法》，建设项目的防止污染设施没有建成或者没有达到国家规

定的要求，投入生产或者使用的，由批准该建设项目的环境影响报告书的环境保护行政主管部门责令停止生产或者使用，可以并处罚款。

未经环境保护行政主管部门同意，擅自拆除或者闲置防治污染的设施，污染物排放超过规定的排放标准的，由环境保护行政主管部门责令重新安装使用，并处罚款。

（2）违反《大气污染防治法》，在城市市区进行建设施工或者从事其他产生扬尘污染的活动，未采取有效扬尘防治措施，致使大气环境受到污染的，限期改正，处 2 万元以下罚款；对逾期仍未达到当地环境保护规定要求的，可以责令其停工整顿。

前款规定的对因建设施工造成扬尘污染的处罚，由县级以上地方人民政府建设行政主管部门决定；对其他造成扬尘污染的处罚，由县级以上地方人民政府指定的有关主管部门决定。

（3）违反《环境噪声污染防治法》的规定，建筑施工单位在城市市区噪声敏感建筑物集中区域内，夜间进行禁止进行的产生环境噪声污染的建筑施工作业的，由工程所在地县级以上地方人民政府环境保护行政主管部门责令改正，可以并处罚款。

（4）违反《劳动法》的规定，用人单位的劳动安全设施和劳动卫生条件不符合国家规定或者未向劳动者提供必要的劳动防护用品和劳动保护设施的，由劳动行政部门或者有关部门责令改正，可以处以罚款；情节严重的，提请县级以上人民政府决定责令停产整顿；对事故隐患不采取措施，致使发生重大事故，造成劳动者生命和财产损失的，对责任人员比照刑法的规定追究刑事责任。

用人单位强令劳动者违章冒险作业，发生重大伤亡事故，造成严重后果的，对责任人员依法追究刑事责任。

（5）违反《消防法》的规定，有下列行为之一的，责令改正，处 5000 以上 5 万元以下罚款：

1）消防设施、器材或者消防安全标志的配置、设置不符合国家标准、行业标准，或者未保持完好有效的；

2）损坏、挪用或者擅自拆除、停用消防设施、器材的；

3）占用、堵塞、封闭疏散通道、安全出口或者有其他妨碍安全疏散行为的；

4）埋压、圈占、遮挡消火栓或者占用防火间距的；

5）占用、堵塞、封闭消防车通道，妨碍消防车通行的；

6）人员密集场所在门窗上设置影响逃生和灭火救援的障碍物的；

7）对火灾隐患经公安机关消防机构通知后不及时采取措施消除的。

生产、储存、经营易燃易爆危险品的场所与居住场所设置在同一建筑物内，或者未与居住场所保持安全距离的，责令停产停业，并处 5000 以上 5 万元以下罚款。

（6）违反《工伤保险条例》的规定，用人单位依照本条例规定应当参加工伤保险而未参加的,由社会保险行政部门责令限期参加,补缴应当缴纳的工伤保险费,并自欠缴之日起,按日加收万分之五的滞纳金;逾期仍不缴纳的,处欠缴数额 1 倍以上 3 倍以下的罚款。

3.6 水利工程建设其他相关单位安全生产法律责任

3.6.1 评价认证与检测检验机构的安全生产法律责任

(1) 承担安全评价、认证、检测、检验工作的机构违反《安全生产法》,出具虚假证明的,没收违法所得;违法所得在十万元以上的,并处违法所得二倍以上五倍以下的罚款;没有违法所得或者违法所得不足十万元的,单处或者并处十万元以上二十万元以下的罚款;对其直接负责的主管人员和其他直接责任人员处二万元以上五万元以下的罚款;给他人造成损害的,与生产经营单位承担连带赔偿责任;构成犯罪的,依照刑法有关规定追究刑事责任。

对有前款违法行为的机构,吊销其相应资质。

(2) 中介机构违反《安全生产事故报告和调查处理条例》,为发生事故的单位提供虚假证明的,由有关部门依法暂扣或者吊销其有关证照及其相关人员的执业资格;构成犯罪的,依法追究刑事责任。

3.6.2 机械设备和配件提供单位的安全生产法律责任

为建设工程提供机械设备和配件的单位违反《建设工程安全生产管理条例》,未按照安全施工的要求配备齐全有效的保险、限位等安全设施和装置的,责令限期改正,处合同价款 1 倍以上 3 倍以下的罚款;造成损失的,依法承担赔偿责任。

3.6.3 设备与机具出租单位的安全生产法律责任

(1) 出租单位违反《建设工程安全生产管理条例》,出租未经安全性能检测或者经检测不合格的机械设备和施工机具及配件的,责令停业整顿,并处 5 万元以上 10 万元以下的罚款;造成损失的,依法承担赔偿责任。

(2) 出租单位、自购建筑起重机械的使用单位违反《建筑起重机械安全监督管理规定》,有下列行为之一的,由县级以上地方人民政府建设主管部门责令限期改正,予以警告,并处以 5000 元以上 1 万元以下罚款:

1) 未按照规定办理备案的;
2) 未按照规定办理注销手续的;
3) 未按照规定建立建筑起重机械安全技术档案的。

3.6.4 起重机械安装单位的安全生产法律责任

（1）施工起重机械和整体提升脚手架、模板等自升式架设设施安装、拆卸单位违反《建设工程安全生产管理条例》，有下列行为之一的，责令限期改正，处 5 元以上 10 万元以下的罚款；情节严重的，责令停业整顿，降低资质等级，直至吊销资质证书；造成损失的，依法承担赔偿责任：

1）未编制拆装方案、制定安全施工措施的；

2）未有专业技术人员现场监督的；

3）未出具自检合格证明或者出具虚假证明的；

4）未向施工单位进行安全使用说明，办理移交手续的。

施工起重机械和整体提升脚手架、模板等自升式架设设施安装、拆卸单位有前款规定的第 1)、3) 项行为，经有关部门或者单位职工提出后，对事故隐患仍不采取措施，因而发生重大伤亡事故或者造成其他严重后果，构成犯罪的，对直接责任人员，依照刑法有关规定追究刑事责任。

（2）安装单位违反《建筑起重机械安全监督管理规定》，有下列行为之一的，由县级以上地方人民政府建设主管部门责令限期改正，予以警告，并处以 5000 元以上 3 万元以下罚款：

1）未履行《建筑起重机械安全监督管理规定》第十二条下列安全职责规定的：

① 按照安全技术标准及安装使用说明书等检查建筑起重机械及现场施工条件；

② 制定建筑起重机械安装、拆卸工程生产安全事故应急救援预案；

③ 将建筑起重机械安装、拆卸工程专项施工方案，安装、拆卸人员名单，安装、拆卸时间等材料报施工总承包单位和监理单位审核后，告知工程所在地县级以上地方人民政府建设主管部门。

2）未按照规定建立建筑起重机械安装、拆卸工程档案的；

3）未按照建筑起重机械安装、拆卸工程专项施工方案及安全操作规程组织安装、拆卸作业的。

3.7 水利工程建设其他相关人员的建筑安全生产法律责任

3.7.1 施工企业管理人员的安全生产法律责任

（1）生产经营单位的决策机构、主要负责人或者个人经营的投资人不依照《安全生产法》规定保证安全生产所必需的资金投入，致使生产经营单位不具备安全生产条件的，责令限期改正，提供必需的资金；逾期未改正的，责令生产经营单位停产停业整顿。

有前款违法行为，导致发生生产安全事故的，对生产经营单位的主要负责人给予撤职处分，对个人经营的投资人处两万元以上二十万元以下的罚款；构成犯罪的，依照刑法有关规定追究刑事责任。

（2）生产经营单位的主要负责人未履行《安全生产法》规定的安全生产管理职责的，责令限期改正；逾期未改正的，处两万元以上五万元以下的罚款，责令生产经营单位停产停业整顿。

生产经营单位的主要负责人有前款违法行为，导致发生生产安全事故的，给予撤职处分；构成犯罪的，依照刑法有关规定追究刑事责任。

生产经营单位的主要负责人依照前款规定受刑事处罚或者撤职处分的，自刑罚执行完毕或者受处分之日起，五年内不得担任任何生产经营单位的主要负责人；对重大、特别重大生产安全事故负有责任的，终身不得担任本行业生产经营单位的主要负责人。

（3）违反《安全生产法》的规定，生产经营单位的主要负责人未履行本法规定的安全生产管理职责，导致发生生产安全事故的，由安全生产监督管理部门依照下列规定处以罚款：

1）发生一般事故的，处上一年年收入百分之三十的罚款；

2）发生较大事故的，处上一年年收入百分之四十的罚款；

3）发生重大事故的，处上一年年收入百分之六十的罚款；

4）发生特别重大事故的，处上一年年收入百分之八十的罚款。

（4）生产经营单位的安全生产管理人员未履行《安全生产法》规定的安全生产管理职责的，责令限期改正；导致发生生产安全事故的，暂停或者撤销其与安全生产有关的资格；构成犯罪的，依照刑法有关规定追究刑事责任。

（5）违反《安全生产法》的规定，生产经营单位有下列行为之一的，责令限期改正，可以处五万元以下的罚款；逾期未改正的，责令停产停业整顿，并处五万元以上十万元以下的罚款，对其直接负责的主管人员和其他直接责任人员处一万元以上二万元以下的罚款：

1）未按照规定设置安全生产管理机构或者配备安全生产管理人员的；

2）危险物品的生产、经营、储存单位以及矿山、金属冶炼、建筑施工、道路运输单位的主要负责人和安全生产管理人员未按照规定经考核合格的；

3）未按照规定对从业人员、被派遣劳动者、实习学生进行安全生产教育和培训，或者未按照规定如实告知有关的安全生产事项的；

4）未如实记录安全生产教育和培训情况的；

5）未将事故隐患排查治理情况如实记录或者未向从业人员通报的；

6）未按照规定制定生产安全事故应急救援预案或者未定期组织演练的；

7) 特种作业人员未按照规定经专门的安全作业培训并取得相应资格,上岗作业的。

(6) 违反《安全生产法》的规定,生产经营单位有下列行为之一的,责令停止建设或者停产停业整顿,限期改正;逾期未改正的,处五十万元以上一百万元以下的罚款,对其直接负责的主管人员和其他直接责任人员处二万元以上五万元以下的罚款;构成犯罪的,依照刑法有关规定追究刑事责任:

1) 未按照规定对矿山、金属冶炼建设项目或者用于生产、储存、装卸危险物品的建设项目进行安全评价的;

2) 矿山、金属冶炼建设项目或者用于生产、储存、装卸危险物品的建设项目没有安全设施设计或者安全设施设计未按照规定报经有关部门审查同意的;

3) 矿山、金属冶炼建设项目或者用于生产、储存、装卸危险物品的建设项目的施工单位未按照批准的安全设施设计施工的;

4) 矿山、金属冶炼建设项目或者用于生产、储存危险物品的建设项目竣工投入生产或者使用前,安全设施未经验收合格的。

(7) 违反《安全生产法》的规定,生产经营单位有下列行为之一的,责令限期改正,可以处五万元以下的罚款;逾期未改正的,处五万元以上二十万元以下的罚款,对其直接负责的主管人员和其他直接责任人员处一万元以上二万元以下的罚款;情节严重的,责令停产停业整顿;构成犯罪的,依照刑法有关规定追究刑事责任:

1) 未在有较大危险因素的生产经营场所和有关设施、设备上设置明显的安全警示标志的;

2) 安全设备的安装、使用、检测、改造和报废不符合国家标准或者行业标准的;

3) 未对安全设备进行经常性维护、保养和定期检测的;

4) 未为从业人员提供符合国家标准或者行业标准的劳动防护用品的;

5) 危险物品的容器、运输工具,以及涉及人身安全、危险性较大的海洋石油开采特种设备和矿山井下特种设备未经具有专业资质的机构检测、检验合格,取得安全使用证或者安全标志,投入使用的;

6) 使用应当淘汰的危及生产安全的工艺、设备的。

(8) 违反《安全生产法》的规定,未经依法批准,擅自生产、经营、运输、储存、使用危险物品或者处置废弃危险物品的,依照有关危险物品安全管理的法律、行政法规的规定予以处罚;构成犯罪的,依照刑法有关规定追究刑事责任。

(9) 违反《安全生产法》的规定,生产经营单位有下列行为之一的,责令限期改正,可以处十万元以下的罚款;逾期未改正的,责令停产停业整顿,并处十万元以上二十万元以下的罚款,对其直接负责的主管人员和其他直接责任人员处二万元以上五万元以下的罚款;构成犯罪的,依照刑法有关规定追究刑事责任:

1）生产、经营、运输、储存、使用危险物品或者处置废弃危险物品，未建立专门安全管理制度、未采取可靠的安全措施的；

2）对重大危险源未登记建档，或者未进行评估、监控，或者未制定应急预案的；

3）进行爆破、吊装以及国务院安全生产监督管理部门会同国务院有关部门规定的其他危险作业，未安排专门人员进行现场安全管理的；

4）未建立事故隐患排查治理制度的。

（10）违反《安全生产法》的规定，生产经营单位未采取措施消除事故隐患的，责令立即消除或者限期消除；生产经营单位拒不执行的，责令停产停业整顿，并处十万元以上五十万元以下的罚款，对其直接负责的主管人员和其他直接责任人员处二万元以上五万元以下的罚款。

（11）违反《安全生产法》的规定，生产经营单位将生产经营项目、场所、设备发包或者出租给不具备安全生产条件或者相应资质的单位或者个人的，责令限期改正，没收违法所得；违法所得十万元以上的，并处违法所得二倍以上五倍以下的罚款；没有违法所得或者违法所得不足十万元的，单处或者并处十万元以上二十万元以下的罚款；对其直接负责的主管人员和其他直接责任人员处一万元以上二万元以下的罚款；导致发生生产安全事故给他人造成损害的，与承包方、承租方承担连带赔偿责任。

生产经营单位未与承包单位、承租单位签订专门的安全生产管理协议或者未在承包合同、租赁合同中明确各自的安全生产管理职责，或者未对承包单位、承租单位的安全生产统一协调、管理的，责令限期改正，可以处五万元以下的罚款，对其直接负责的主管人员和其他直接责任人员可以处一万元以下的罚款；逾期未改正的，责令停产停业整顿。

（12）违反《安全生产法》的规定，两个以上生产经营单位在同一作业区域内进行可能危及对方安全生产的生产经营活动，未签订安全生产管理协议或者未指定专职安全生产管理人员进行安全检查与协调的，责令限期改正，可以处五万元以下的罚款，对其直接负责的主管人员和其他直接责任人员可以处一万元以下的罚款；逾期未改正的，责令停产停业。

（13）违反《安全生产法》的规定，生产经营单位有下列行为之一的，责令限期改正，可以处五万元以下的罚款，对其直接负责的主管人员和其他直接责任人员可以处一万元以下的罚款；逾期未改正的，责令停产停业整顿；构成犯罪的，依照刑法有关规定追究刑事责任：

1）生产、经营、储存、使用危险物品的车间、商店、仓库与员工宿舍在同一座建筑内，或者与员工宿舍的距离不符合安全要求的；

2）生产经营场所和员工宿舍未设有符合紧急疏散需要、标志明显、保持畅通的出口，或者锁闭、封堵生产经营场所或者员工宿舍出口的。

(14) 违反《安全生产法》的规定，生产经营单位与从业人员订立协议，免除或者减轻其对从业人员因生产安全事故伤亡依法应承担的责任的，该协议无效；对生产经营单位的主要负责人、个人经营的投资人处二万元以上十万元以下的罚款。

(15) 违反《安全生产法》的规定，生产经营单位的从业人员不服从管理，违反安全生产规章制度或者操作规程的，由生产经营单位给予批评教育，依照有关规章制度给予处分；构成犯罪的，依照刑法有关规定追究刑事责任。

(16) 违反《安全生产法》的规定，生产经营单位拒绝、阻碍负有安全生产监督管理职责的部门依法实施监督检查的，责令改正；拒不改正的，处二万元以上二十万元以下的罚款；对其直接负责的主管人员和其他直接责任人员处一万元以上二万元以下的罚款；构成犯罪的，依照刑法有关规定追究刑事责任。

(17) 违反《安全生产法》的规定，生产经营单位的主要负责人在本单位发生生产安全事故时，不立即组织抢救或者在事故调查处理期间擅离职守或者逃匿的，给予降级、撤职的处分，并由安全生产监督管理部门处上一年年收入百分之六十至百分之一百的罚款；对逃匿的处十五日以下拘留；构成犯罪的，依照刑法有关规定追究刑事责任。

生产经营单位的主要负责人对生产安全事故隐瞒不报、谎报或者迟报的，依照前款规定处罚。

(18) 违反《建设工程安全生产管理条例》的规定，施工单位的主要负责人、项目负责人未履行安全生产管理职责的，责令限期改正；逾期未改正的，责令施工单位停业整顿；造成重大安全事故、重大伤亡事故或者其他严重后果，构成犯罪的，依照刑法有关规定追究刑事责任。

施工单位的主要负责人、项目负责人有前款违法行为，尚不够刑事处罚的，处 2 万元以上 20 万元以下的罚款或者按照管理权限给予撤职处分；自刑罚执行完毕或者受处分之日起，5 年内不得担任任何施工单位的主要负责人、项目负责人。

(19) 违反《建设工程安全生产管理条例》的规定，作业人员不服管理、违反规章制度和操作规程冒险作业造成重大伤亡事故或者其他严重后果，构成犯罪的，依照刑法有关规定追究刑事责任。

(20) 违反《安全生产事故报告和调查处理条例》的规定，事故发生单位主要负责人未依法履行安全生产管理职责，导致事故发生的，依照下列规定处以罚款；属于国家工作人员的，并依法给予处分；构成犯罪的，依法追究刑事责任：

1) 发生一般事故的，处上一年年收入 30％的罚款；
2) 发生较大事故的，处上一年年收入 40％的罚款；
3) 发生重大事故的，处上一年年收入 60％的罚款；
4) 发生特别重大事故的，处上一年年收入 80％的罚款。

3.7.2 注册执业人员的安全生产法律责任

违反《建设工程安全生产管理条例》的规定，注册执业人员未执行法律、法规和工程建设强制性标准的，责令停止执业3个月以上1年以下；情节严重的，吊销执业资格证书，5年内不予注册；造成重大安全事故的，终身不予注册；构成犯罪的，依照刑法有关规定追究刑事责任。

3.8 行政主管部门及其工作人员安全生产法律责任

3.8.1 违反《安全生产法》的责任

（1）负有安全生产监督管理职责的部门的工作人员，有下列行为之一的，给予降级或者撤职的处分；构成犯罪的，依照刑法有关规定追究刑事责任：

1）对不符合法定安全生产条件的涉及安全生产的事项予以批准或者验收通过的；

2）发现未依法取得批准、验收的单位擅自从事有关活动或者接到举报后不予取缔或者不依法予以处理的；

3）对已经依法取得批准的单位不履行监督管理职责，发现其不再具备安全生产条件而不撤销原批准或者发现安全生产违法行为不予查处的；

4）在监督检查中发现重大事故隐患，不依法及时处理的。

负有安全生产监督管理职责的部门的工作人员有前款规定以外的滥用职权、玩忽职守、徇私舞弊行为的，依法给予处分；构成犯罪的，依照刑法有关规定追究刑事责任。

（2）负有安全生产监督管理职责的部门，要求被审查、验收的单位购买其指定的安全设备、器材或者其他产品的，在对安全生产事项的审查、验收中收取费用的，由其上级机关或者监察机关责令改正，责令退还收取的费用；情节严重的，对直接负责的主管人员和其他直接责任人员依法给予处分。

（3）有关地方人民政府、负有安全生产监督管理职责的部门，对生产安全事故隐瞒不报、谎报或者迟报的，对直接负责的主管人员和其他直接责任人员依法给予处分；构成犯罪的，依照刑法有关规定追究刑事责任。

3.8.2 违反《建设工程安全生产管理条例》的责任

县级以上人民政府建设行政主管部门或者其他有关行政管理部门的工作人员，有下列行为之一的，给予降级或者撤职的行政处分；构成犯罪的，依照刑法有关规定追究刑事责任：

（1）对不具备安全生产条件的施工单位颁发资质证书的；

(2) 对没有安全施工措施的建设工程颁发施工许可证的；

(3) 发现违法行为不予查处的；

(4) 不依法履行监督管理职责的其他行为。

3.8.3 违反《安全生产许可证条例》的责任

安全生产许可证颁发管理机关工作人员有下列行为之一的，给予降级或者撤职的行政处分；构成犯罪的，依法追究刑事责任：

(1) 向不符合本条例规定的安全生产条件的企业颁发安全生产许可证的；

(2) 发现企业未依法取得安全生产许可证擅自从事生产活动，不依法处理的；

(3) 发现取得安全生产许可证的企业不再具备本条例规定的安全生产条件，不依法处理的；

(4) 接到对违反本条例规定行为的举报后，不及时处理的；

(5) 在安全生产许可证颁发、管理和监督检查工作中，索取或者接受企业的财物，或者谋取其他利益的。

3.8.4 违反《生产安全事故报告和调查处理条例》的责任

(1) 有关地方人民政府、安全生产监督管理部门和负有安全生产监督管理职责的有关部门有下列行为之一的，对直接负责的主管人员和其他直接责任人员依法给予处分；构成犯罪的，依法追究刑事责任：

1) 不立即组织事故抢救的；

2) 迟报、漏报、谎报或者瞒报事故的；

3) 阻碍、干涉事故调查工作的；

4) 在事故调查中作伪证或者指使他人作伪证的。

(2) 有关地方人民政府或者有关部门故意拖延或者拒绝落实经批复的对事故责任人的处理意见的，由监察机关对有关责任人员依法给予处分。

(3) 参与事故调查的人员在事故调查中有下列行为之一的，依法给予处分；构成犯罪的，依法追究刑事责任：

1) 对事故调查工作不负责任，致使事故调查工作有重大疏漏的；

2) 包庇、袒护负有事故责任的人员或者借机打击报复的。

3.8.5 违反《国务院关于特大安全事故行政责任追究的规定》的责任

(1) 依法对涉及安全生产事项负责行政审批（包括批准、核准、许可、注册、认证、颁发证照、竣工验收等）的政府部门或者机构，必须严格依照法律、法规和规章规定的安全条件和程序进行审查；不符合法律、法规和规章规定的安全条件的，不得批准；不符合法律、法规和规章规定的安全条件，弄虚作假，骗取批准或者勾结串通行政审批工作人员取得批准的，负责行政审批的政府部门或者机构除必须立即撤销原批准外，应当对弄虚作假骗取批准或者勾结串通行政审批工作人员的当事人依法给予行政处罚；构成行贿罪或者其他罪的，依法追究刑事责任。

负责行政审批的政府部门或者机构违反前款规定，对不符合法律、法规和规章规定的安全条件予以批准的，对部门或者机构的正职负责人，根据情节轻重，给予降级、撤职直至开除公职的行政处分；与当事人勾结串通的，应当开除公职；构成受贿罪、玩忽职守罪或者其他罪的，依法追究刑事责任。

（2）依照《国务院关于特大安全事故行政责任追究的规定》的规定取得批准的单位和个人，负责行政审批的政府部门或者机构必须对其实施严格监督检查；发现其不再具备安全条件的，必须立即撤销原批准。

负责行政审批的政府部门或者机构违反前款规定，不对取得批准的单位和个人实施严格监督检查，或者发现其不再具备安全条件而不立即撤销原批准的，对部门或者机构的正职负责人，根据情节轻重，给予降级或者撤职的行政处分；构成受贿罪、玩忽职守罪或者其他罪的，依法追究刑事责任。

（3）对未依法取得批准，擅自从事有关活动的，负责行政审批的政府部门或者机构发现或者接到举报后，应当立即予以查封、取缔，并依法给予行政处罚；属于经营单位的，由工商行政管理部门依法吊销营业执照。

负责行政审批的政府部门或者机构违反前款规定，对发现或者举报的未依法取得批准而擅自从事有关活动的，不予查封、取缔，不依法给予行政处罚，工商行政管理部门不予吊销营业执照的，对部门或者机构的正职负责人，根据情节轻重，给予降级或者撤职的行政处分；构成受贿罪、玩忽职守罪或者其他罪的，依法追究刑事责任。

（4）负责行政审批的政府部门或者机构、负责安全监督管理的政府有关部门，未依照本规定履行职责，发生特大安全事故的，对部门或者机构的正职负责人，根据情节轻重，给予撤职或者开除公职的行政处分；构成玩忽职守罪或者其他罪的，依法追究刑事责任。

（5）特大安全事故发生后，有关县（市、区）、市（地、州）和省、自治区、直辖市人民政府及其有关部门应当按照国家规定的程序和时限立即上报，不得隐瞒不报、谎报或者拖延报告，并应当配合、协助事故调查，不得以任何方式阻碍、干涉事故调查。

特大安全事故发生后，有关地方人民政府及其有关部门违反前款规定的，对政府主要领导人和政府部门正职负责人给予降级的行政处分。

（6）地方人民政府或者政府部门阻挠、干涉对特大安全事故有关责任人员追究行政责任的，对该地方人民政府主要领导人或者政府部门正职负责人，根据情节轻重，给予降级或者撤职的行政处分。

3.8.6 违反《建筑施工企业安全生产许可证管理规定》的责任

建设主管部门工作人员有下列行为之一的,给予降级或者撤职的行政处分;构成犯罪的,依法追究刑事责任:

(1) 向不符合安全生产条件的建筑施工企业颁发安全生产许可证的;

(2) 发现建筑施工企业未依法取得安全生产许可证擅自从事建筑施工活动,不依法处理的;

(3) 发现取得安全生产许可证的建筑施工企业不再具备安全生产条件,不依法处理的;

(4) 接到对违反本规定行为的举报后,不及时处理的;

(5) 在安全生产许可证颁发、管理和监督检查工作中,索取或者接受建筑施工企业的财物,或者谋取其他利益的。

由于建筑施工企业弄虚作假,造成前款第(1)项行为的,对建设主管部门工作人员不予处分。

3.8.7 违反《水利工程建设项目验收管理规定》的责任

国家机关工作人员在验收工作中玩忽职守、滥用职权、徇私舞弊,尚不构成犯罪的,依法给予行政处分;构成犯罪的,依法追究刑事责任。

3.8.8 违反《水利基本建设项目稽察暂行办法》的责任

稽察人员有下列行为之一的,解除聘任;视情节轻重给予党纪、政纪处分;构成犯罪的,依法追究法律责任:

(一) 对被稽察项目的重大问题隐匿不报,严重失职的;

(二) 与被稽察项目有关的单位串通,编造虚假稽察报告的;

(三) 干预被稽察项目的建设管理活动,致使被稽察项目的正常工作受到损害的;

(四) 接受与被稽察项目有关单位的馈赠、报酬等费用,参加有可能影响公正履行职责的宴请、娱乐、旅游等违纪活动,或者通过稽察工作为自己、亲友及他人谋取私利的。

考 试 习 题

一、单项选择题(每小题有4个备选答案,其中只有1个是正确选项。)

1. 不是违反建设工程安全生产法律法规的主要法律责任形式是( )。

A. 行政责任　　　B. 经济责任　　　C. 刑事责任　　　D. 民事责任

正确答案:B

2. 生产经营单位违反《安全生产法》，未为从业人员提供符合国家标准或者行业标准的劳动防护用品的，责令限期改正；逾期未改正的，责令停止建设，可以并处（　　）罚款。

  A. 2 万元以下   B. 5 万元以下

  C. 10 万元以下   D. 20 万元以下

正确答案：B

3. 生产经营单位违反《安全生产法》，进行吊装等危险作业，未安排专门管理人员进行现场安全管理的，造成严重后果，构成犯罪的，依照刑法有关规定追究（　　）。

  A. 行政责任   B. 刑事责任   C. 民事责任   D. 经济责任

正确答案：B

4.《安全生产法》规定，生产经营单位主要负责人在本单位发生重大生产安全事故时，在事故调查处理期间逃匿的，可处（　　）以下拘留。

  A. 五日   B. 七日   C. 十日   D. 十五日

正确答案：D

5. 生产经营单位不具备《安全生产法》规定的安全生产条件，经停产停业整顿仍不具备安全生产条件的，（　　）。

  A. 予以罚款   B. 予以关闭

  C. 可以继续整改   D. 追究法定代表人责任

正确答案：B

6. 依据《安全生产法》的规定，从业人员不服从管理，违反安全生产规章制度、操作规程的，由生产经营单给予批评教育，依照（　　）给予处分。

  A. 治安管理处罚条例   B. 有关规章制度

  C. 行政处罚法   D. 民法通则

正确答案：B

7. 违反《建设工程安全生产管理条例》，建设单位未将保证安全施工的措施报送有关部门备案的，责令限期改正，给予（　　）。

  A. 通报   B. 停工   C. 罚款   D. 警告

正确答案：D

8. 违反《建设工程安全生产管理条例》，建设单位将拆除工程发包给不具有相应资质等级的施工单位，造成重大安全事故，构成犯罪的，对直接责任人员，依照（　　）有关规定追究刑事责任。

  A. 安全生产法   B. 建筑法

  C. 刑法   D. 行政处罚法

正确答案：C

9. 勘察、设计单位违反工程建设强制性标准进行勘察、设计的,责令改正,并处以( )的罚款。

　　A. 1 万元以上 5 万元以下　　　　B. 1 万元以上 10 万元以下
　　C. 5 万元以上 30 万元以下　　　D. 10 万元以上 30 万元以下

正确答案:D

10. 违反《建设工程安全生产管理条例》,工程监理单位未对专项施工方案进行审查的,责令限期改正;逾期未改正的,( )。

　　A. 处以 5 万元以上 10 万元以下罚款
　　B. 责令停业整顿,并处 10 万元以上 20 万元以下罚款
　　C. 责令停业整顿,并处 10 万元以上 30 万元以下罚款
　　D. 责令停业整顿,或处 10 万元以上 30 万元以下罚款

正确答案:C

11. 《建筑起重机械安全监督管理规定》规定不是监理单位安全职责的是( )。

　　A. 审核建筑起重机械安装、拆卸工程专项施工方案
　　B. 审核建筑起重机械安装单位、使用单位资质的证书
　　C. 审核建筑起重机械安装单位、使用单位资质的安全生产许可证
　　D. 审核建筑起重机械安装单位、使用单位资质特种作业人员的特种作业操作资格证书

正确答案:A

12. 建筑施工企业违反《建筑法》规定,对建筑安全事故隐患不采取措施予以消除的,责令改正,( )。

　　A. 吊扣资质证书　　　　　　　B. 降低资质等级
　　C. 可处以罚款　　　　　　　　D. 依法追究刑事责任

正确答案:C

13. 建筑施工企业违反《建筑法》规定,对建筑安全事故隐患不采取措施予以消除的,情节严重的,责令停业整顿,降低资质等级或者吊销资质证书;构成犯罪的,( )。

　　A. 依法追究行政责任　　　　　B. 依法追究刑事责任
　　C. 依法追究经济责任　　　　　D. 依法追究民事责任

正确答案:B

14. 根据《安全生产法》规定,生产经营单位的从业人员不服从管理,违反安全生产规章制度或者操作规程的,由生产经营单位给予以下处理:( )。

　　A. 依照有关法规给予处分　　　B. 依照有关法律给予处分
　　C. 批评教育　　　　　　　　　D. 开除

正确答案：C

15.《特种设备安全法》规定，施工单位使用特种设备行为错误的是（　　）。

A. 办理使用登记的　　　　　　　　B. 制定特种设备事故应急专项预案的

C. 建立特种设备安全技术档案　　　D. 未及时申报并接受检验的

正确答案：D

16. 违反《建设工程安全生产管理条例》，施工单位未按照国家有关规定在施工现场设置消防水源的，责令限期改正；逾期未改正的，（　　），依照《安全生产法》的有关规定处以罚款。

A. 暂扣资质证书　　　　　　　　B. 责令停业整顿

C. 吊销营业执照　　　　　　　　D. 追究行政责任

正确答案：B

17. 违反《建设工程安全生产管理条例》，施工单位未按照国家有关规定在施工现场设置消防通道的，责令限期改正；造成重大安全事故，构成犯罪的，对（　　），依照刑法有关规定追究刑事责任。

A. 法人代表　　　　　　　　　　B. 项目负责人

C. 技术负责人　　　　　　　　　D. 直接责任人员

正确答案：D

18. 违反《建设工程安全生产管理条例》，施工单位挪用列入建设工程概算的安全生产作业环境及安全施工措施所需费用的，责令限期改正，处挪用费用（　　）的罚款。

A. 5%以上10%以下　　　　　　　B. 10%以上20%以下

C. 10%以上30%以下　　　　　　D. 20%以上50%以下

正确答案：D

19. 违反《建设工程安全生产管理条例》，施工单位未根据不同施工阶段和周围环境及季节、气候的变化，在施工现场采取相应的安全施工措施，造成重大安全事故，构成犯罪的，对（　　），依照刑法有关规定追究刑事责任。

A. 企业负责任人　　　　　　　　B. 作业人员

C. 现场负责人　　　　　　　　　D. 直接责任人员

正确答案：D

20. 违反《建设工程安全生产管理条例》，施工单位在尚未竣工的建筑物内设置员工集体宿舍的，责令限期改正，逾期未改正的，（　　），并处5万元以上10万元以下的罚款。

A. 责令停止施工　　　　　　　　B. 责令停业整顿

C. 暂扣资质证书　　　　　　　　D. 暂扣营业执照

正确答案：B

21. 违反《建设工程安全生产管理条例》规定，施工单位未对因建设工程施工可能造成损害的毗邻建筑物采取专项防护措施的，责令限期改正；逾期未改正的，（　　）。

A. 责令停业整顿

B. 处 5 万元以上 10 万元以下的罚款

C. 暂扣资质证书

D. 责令停业整顿，并处 5 万元以上 10 万元以下的罚款

正确答案：D

22. 违反《建设工程安全生产管理条例》规定，施工单位未对因建设工程施工可能造成损害的毗邻地下管线采取专项防护措施的，造成损失的，依法承担（　　）。

A. 行政责任　　　B. 民事责任　　　C. 赔偿责任　　　D. 法律责任

正确答案：C

23. 违反《建设工程安全生产管理条例》规定，施工单位的安全防护用具在进入施工现场前未经查验即投入使用的，造成重大安全事故，构成犯罪的，对（　　），依照刑法有关规定追究刑事责任。

A. 企业负责人　　　　　　　　B. 项目负责人

C. 作业人员　　　　　　　　　D. 直接责任人员

正确答案：D

24. 违反《建设工程安全生产管理条例》规定，施工单位的安全防护用具、机械设备、施工机具及配件在进入施工现场前未经查验或者查验不合格即投入使用的，责令限期改正；逾期未改正的，责令停业整顿，并处 10 万元以上 30 万元以下的罚款；情节严重的，降低资质等级，直至（　　）。

A. 吊销营业执照　　　　　　　B. 吊销资质证书

C. 安全资格证书　　　　　　　D. 执业资格证书

正确答案：B

25. 违反《建设工程安全生产管理条例》规定，施工单位使用未经验收或者验收不合格的施工（　　）的，的责令限期改正。

A. 起重机械、搅拌机械和整体提升脚手架、模板等自升式架设设施

B. 起重机械和脚手架、模板等自升式架设设施

C. 起重机械和整体提升脚手架、模板等自升式架设设施

D. 起重机械和整体提升脚手架、模板等施工设施

正确答案：C

26. 违反《建设工程安全生产管理条例》规定，（　　）使用未经验收或者验收不合格的施工起重机械和整体提升脚手架、模板等自升式架设设施的，责令限期改正。

A. 建设单位　　　B. 监理单位　　　C. 施工单位　　　D. 租赁单位

正确答案：C

27. 违反《建设工程安全生产管理条例》规定，施工单位在施工组织设计中未编制安全技术措施、施工现场临时用电方案或者专项施工方案的，责令限期改正；逾期未改正，情节严重，造成重大安全事故，构成犯罪的，对直接责任人员，依照刑法有关规定追究刑事责任；造成损失的，依法承担（　　）。

A. 行政责任　　　B. 民事责任　　　C. 经济责任　　　D. 赔偿责任

正确答案：D

28. 安全生产许可证有效期满未办理延期手续，继续进行生产的，应对施工企业处以（　　）。

A. 责令停止生产，没收违法所得，并处 5 万元以上 10 万元以下罚款

B. 责令停止生产，限期补办延期手续，没收违法所得，并处 5 万元以上 10 万元以下罚款

C. 责令停止生产，限期补办延期手续，并处 5 万元以上 10 万元以下罚款

D. 责令停止生产，限期补办延期手续，没收违法所得，并处 10 万元以上 20 万元以下罚款

正确答案：B

29. 《生产安全事故报告和调查处理条例》规定对事故发生单位的主要负责人、直接负责的主管人员和其他直接责任人员可以处以上一年年收入（　　）的罚款，构成犯罪的，依法追究刑事责任。

A. 30%至50%　　　　　　　B. 50%至100%
C. 60%至100%　　　　　　　D. 70%至100%

正确答案：C

30. 违反《实施工程建设强制性标准监督规定》的施工单位，责令改正，处工程合同价款（　　）的罚款；情节严重的，责令停业整顿，降低资质等级或者吊销资质证书。

A. 1%以上4%以下　　　　　B. 2%以上5%以下
C. 2%以上4%以下　　　　　D. 3%以上5%以下

正确答案：C

31. 依据《建筑施工企业安全生产许可证管理规定》，取得安全生产许可证的建筑施工企业，发生重大安全事故的，（　　）安全生产许可证并限期整改。

A. 暂扣　　　B. 撤销　　　C. 吊销　　　D. 注销

正确答案：A

32. 依据《建筑施工企业安全生产许可证管理规定》，建筑施工企业不再具备安全生产条件的，暂扣安全生产许可证并限期整改；（　　）的，吊销安全生产许可证。

A. 情节严重 B. 发生安全事故
C. 发生重大安全事故 D. 拒不整改的

正确答案：A

33. 违反《建筑施工企业安全生产许可证管理规定》，安全生产许可证有效期满未办理延期手续，继续从事建筑施工活动的，责令其在建项目停止施工，限期补办延期手续，可并处（　　）的罚款。

A. 2 万元以下 B. 1 万元以上 5 万元以下
C. 5 万元以上 10 万元以下 D. 10 万元以上 30 万元以下

正确答案：C

34. 违反《建筑施工企业安全生产许可证管理规定》，建筑施工企业转让安全生产许可证的，没收违法所得，处 10 万元以上 50 万元以下的罚款，并（　　）安全生产许可证。

A. 撤销 B. 扣留 C. 注销 D. 吊销

正确答案：D

35. 违反《建筑施工企业安全生产许可证管理规定》，建筑施工企业以欺骗、贿赂等不正当手段取得安全生产许可证的，撤销安全生产许可证，（　　）年内不得再次申请安全生产许可证。

A. 1 B. 2 C. 3 D. 5

正确答案：C

36. 依据《建筑施工企业安全生产许可证管理规定》，暂扣、吊销安全生产许可证的行政处罚，由（　　）决定。

A. 县级以上地方人民政府建设主管部门
B. 设区的市建设行政主管部门
C. 安全生产许可证的颁发管理机关
D. 省建设行政主管部门

正确答案：C

37. 施工单位违反《建筑施工企业安全生产许可证管理规定》，安全生产许可证有效期满未办理延期手续，继续从事建筑施工活动的，责令其在建项目（　　），限期补办延期手续，没收违法所得，并处 5 万元以上 10 万元以下的罚款。

A. 改正 B. 拆除 C. 停止施工 D. 进行整改

正确答案：C

38. 违反《建筑施工企业安全生产许可证管理规定》，企业安全生产许可证逾期继续从事建筑施工活动的，可并处（　　）的罚款。

A. 5 万元以上 10 万元以下 B. 10 万元以上 20 万元以下
C. 10 万元以上 50 万元以下 D. 20 万元以上 50 万元以下

正确答案：C

39. 违反《建筑施工企业安全生产许可证管理规定》，建筑施工企业隐瞒有关情况申请安全生产许可证的，不予受理，并给予警告，（　　）不得申请安全生产许可证。

　　A. 半年内　　　　B. 1 年内　　　　C. 2 年内　　　　D. 3 年内

正确答案：B

40. 违反《中华人民共和国大气污染防治法》，施工单位在城市市区进行建设施工，未采取有效扬尘防治措施，致使大气环境受到污染的，由县级以上地方人民政府的（　　）决定处罚。

　　A. 有关主管部门　　　　　　　　B. 建设行政主管部门
　　C. 城建管理部门　　　　　　　　D. 安全监督管理部门

正确答案：B

41. 违反《中华人民共和国环境噪声污染防治法》，建筑施工单位在城市市区噪声敏感建筑物集中区域内，夜间进行禁止进行的产生环境噪声污染的建筑施工作业的，由工程所在地县级以上地方人民政府（　　）责令改正，可以并处罚款。

　　A. 建设行政主管部门　　　　　　B. 环境保护行政主管部门
　　C. 劳动和社会保障部门　　　　　D. 城市综合管理部门

正确答案：B

42. 违反《劳动法》的规定，用人单位的劳动安全设施和劳动卫生条件不符合国家规定的，由劳动行政部门或者有关部门责令改正，可以处以罚款；情节严重的，提请（　　）决定责令停产整顿。

　　A. 上级安全监督综合管理部门　　B. 县级以上人民政府
　　C. 上级劳动和社会保障部门　　　D. 上级城市综合管理部门

正确答案：B

43. 违反《建设工程安全生产管理条例》的规定，为建设工程提供机械设备和配件的单位，未按照安全施工的要求配备齐全有效的保险、限位等安全设施和装置的，可处合同价款（　　）的罚款。

　　A. 1 倍以上 3 倍以下　　　　　　B. 2 倍以上 4 倍以下
　　C. 1 倍以上 5 倍以下　　　　　　D. 2 倍以上 5 倍以下

正确答案：A

44. 违反《建设工程安全生产管理条例》的规定，出租单位出租检测不合格的机械设备和施工机具及配件的，（　　），并处 5 万元以上 10 万元以下的罚款；造成损失的，依法承担赔偿责任。

　　A. 警告　　　　　　　　　　　　B. 罚款
　　C. 责令停业整顿　　　　　　　　D. 行政拘留

正确答案：C

45.《特种设备安全法》规定，特种设备在出租期间的使用管理和维护保养义务由特种设备（　　）承担，法律另有规定或者当事人另有约定的除外。

　　A. 使用单位　　　　　　　　　　B. 出租单位
　　C. 维修单位　　　　　　　　　　D. 总承包单位

正确答案：B

46. 出租单位违反《建设工程安全生产管理条例》，出租未经安全性能检测的机械设备和施工机具及配件的，责令停业整顿，并处5万元以上10万元以下的罚款；造成损失的，依法承担（　　）。

　　A. 赔偿责任　　B. 民事责任　　C. 行政责任　　D. 法律责任

正确答案：A

47. 施工起重机械安装、拆卸单位违反《建设工程安全生产管理条例》，有下列行为之一的责令限期改正（　　）。

　　A. 编制拆装方案、制定安全施工措施不全的
　　B. 未有专业技术人员现场监督的
　　C. 出具自检合格证明不及时的
　　D. 向施工单位未进行安全使用说明，办理移交手续的

正确答案：B

48. 违反《建设工程安全生产管理条例》，注册执业人员未执行工程建设强制性标准的，责令停止执业3个月以上1年以下，造成重大安全事故的，（　　）。

　　A. 1年内不予注册　　　　　　　B. 3年内不予注册
　　C. 5年内不予注册　　　　　　　D. 终身不予注册

正确答案：D

49. 负有安全生产监督管理职责的部门，要求被审查、验收的单位购买其指定的安全设备的，情节严重的，对直接负责的主管人员和其他直接责任人员依法给予（　　）。

　　A. 纪律处分　　B. 行政处分　　C. 经济处罚　　D. 法律制裁

正确答案：B

二、多项选择题（每小题有5个备选答案，其中至少有2个是正确选项。）

1. 建筑安全生产法律责任的行政处罚最常见的形式有（　　）。

　　A. 警告、罚款
　　B. 责令停止违法行为
　　C. 责令停产停业整顿
　　D. 暂扣或吊销单位资质证书、许可证等有关证照，降低单位资质等级
　　E. 暂扣或吊销个人执业资格证书，降低个人执业资格证书等级

正确答案：ACDE

2. 违反《建设工程安全生产管理条例》的规定，建设单位有下列行为之一的（　　），责令限期改正，处 20 万元以上 50 万元以下的罚款。

　A. 对勘察、设计单位提出不符合安全生产法律、法规和强制性标准规定的要求的

　B. 对施工单位提出不符合安全生产法律、法规和强制性标准规定的要求的

　C. 将拆除工程发包给不具有相应资质等级的施工单位的

　D. 要求施工单位压缩合同约定的工期的

　E. 对工程监理单位提出不符合安全生产法律、法规和强制性标准规定的要求的

正确答案：ABCDE

3. 违反《建筑起重机械安全监督管理规定》的规定，监理单位未履行以下安全职责的（　　），由县级以上地方人民政府建设主管部门责令限期改正。

　A. 审核建筑起重机械特种设备制造许可证、产品合格证、制造监督检验证明、备案证明等文件

　B. 审核建筑起重机械安装单位、使用单位的资质证书、安全生产许可证和特种作业人员的特种作业操作资格证书

　C. 监督安装单位执行建筑起重机械安装、拆卸工程专项施工方案情况

　D. 监督检查建筑起重机械的使用情况

　E. 监督检查安全费用的使用

正确答案：ABCD

4. 违反《安全生产法》规定，生产经营单位有下列（　　）行为之一的，责令限期改正。

　A. 未按照规定设立安全生产管理机构或者配备安全生产管理人员的

　B. 危险物品的生产、经营、储存单位以及矿山、建筑施工单位的主要负责人和安全生产管理人员未按照规定经考核合格的

　C. 未按照规定对从业人员进行安全生产教育和培训，或者未按照规定如实告知从业人员有关的安全生产事项的

　D. 特种作业人员未按照规定经专门的安全作业培训并取得特种作业操作资格证书，上岗作业的

　E. 未为从业人员提供符合国家标准或者行业标准的劳动防护用品的

正确答案：ABCD

5. 违反《安全生产法》规定，生产经营单位有下列（　　）行为之一的，责令限期改正。

　A. 未在有较大危险因素的生产经营场所和有关设施、设备上设置明显的安全警示标志的

B. 未对安全设备进行经常性维护、保养和定期检测的

C. 对重大危险源未登记建档，或者未进行评估、监控，或者未制定应急预案的

D. 安全设备的安装、使用、检测、改造和报废不符合国家标准或者行业标准的

E. 使用国家明令淘汰、禁止使用的危及生产安全的工艺、设备的

正确答案：ABDE

6. 从业人员接受安全生产教育和培训的目的是（　　）。

A. 提高安全生产技能　　　　　B. 服从管理

C. 增强事故预防能力　　　　　D. 掌握安全生产知识

E. 增强事故应急处理能力

正确答案：ACDE

7. 根据《安全生产法》的规定，对安全生产违法行为的行政处罚的形式有（　　）。

A. 责令停产整顿　　　　　　　B. 责令停止建设

C. 没收违法所得　　　　　　　D. 撤销行政职务

E. 行政拘留

正确答案：ABCE

8. 依据《安全生产法》，安全生产监督管理部门可以对违法（　　）危险物品的作业场所予以查封，并依法作出处理决定。

A. 生产　　　　B. 经营　　　　C. 储存　　　　D. 使用

E. 运输

正确答案：ABCD

9. 《安全生产法》把安全投入作为必备的安全保障条件之一，要求生产经营单位应当具备的安全投入，由（　　）予以保证。

A. 生产经营单位的决策机构　　　B. 生产经营单位的主要负责人

C. 个人经营的投资人　　　　　　D. 安全生产监督管理部门

E. 生产经营单位的财务部门

正确答案：ABC

10. 不属于《安全生产法》明确赋予从业人员的权利有（　　）。

A. 建议权　　　　　　　　　　B. 批评权

C. 拒绝权　　　　　　　　　　D. 报告权

E. 服从管理权

正确答案：DE

11. 违反《建设工程安全生产管理条例》规定，施工单位的（　　）未经安全教育培训或者经考核不合格即从事相关工作的，责令限期改正。

A. 主要负责人　　　　　　　　B. 项目负责人

C. 专职安全生产管理人员　　　D. 作业人员

E. 特种作业人员

正确答案：ABCDE

12. 违反《建设工程安全生产管理条例》规定，施工单位的（　　）在进入施工现场前未经查验或者查验不合格即投入使用的，责令限期改正。

A. 安全防护用具　　　　　　B. 钢筋

C. 机械设备　　　　　　　　D. 砂石料

E. 施工机具及配件

正确答案：ACE

13. 违反《建设工程安全生产管理条例》规定，施工单位使用未经验收或者验收不合格的（　　）的责令限期改正。

A. 施工起重机械　　　　　　B. 整体提升脚手架

C. 焊接设备　　　　　　　　D. 钢筋混凝土机械

E. 自升式模板

正确答案：ABE

14. 违反《建设工程安全生产管理条例》规定，施工单位在施工组织设计中未编制（　　）的，责令限期改正。

A. 安全技术措施　　　　　　B. 施工现场临时用电方案

C. 专项安全教育方案　　　　D. 安全技术交底

E. 专项施工方案

正确答案：ABE

15. 违反《建设工程安全生产管理条例》的规定，施工单位有下列（　　）行为之一的，责令限期改正；逾期未改正的，责令停业整顿。

A. 未设立安全生产管理机构、配备专职安全生产管理人员

B. 分部分项工程施工时无专职安全生产管理人员现场监督的

C. 未在施工现场的危险部位设置明显的安全警示标志

D. 未向作业人员提供安全防护用具和安全防护服装的

E. 未按照规定在施工起重机械验收合格后登记的

正确答案：ABCDE

16. 违反《建设工程安全生产管理条例》的规定，施工单位有下列（　　）行为之一的，责令限期改正。

A. 施工前未对有关安全施工的技术要求作出详细说明的

B. 未根据不同施工阶段和周围环境及季节、气候的变化，在施工现场采取相应的安全施工措施，或者在城市市区内的建设工程的施工现场未实行封闭围挡的

C. 在尚未竣工的建筑物内设置员工集体宿舍的

D. 施工现场临时搭建的建筑物不符合安全使用要求的

E. 未对因建设工程施工可能造成损害的毗邻建筑物、构筑物和地下管线等采取专项防护措施的

正确答案：ABCDE

17. 违反《建设工程安全生产管理条例》的规定，施工单位有下列（　　）行为之一的，责令限期改正。

A. 安全防护用具在进入施工现场前未经查验或者查验不合格即投入使用的

B. 使用国家明令淘汰、禁止使用的危及施工安全的工艺、设备、材料的

C. 使用未经验收或者验收不合格的整体提升脚手架的

D. 委托不具有相应资质的单位承担施工现场安装、拆卸整体提升脚手架

E. 在施工组织设计中未编制安全技术措施的

正确答案：ACDE

18. 违反《建筑施工企业安全生产许可证管理规定》，建筑施工企业转让安全生产许可证的，（　　）。

A. 没收违法所得并处罚款

B. 吊销安全生产许可证

C. 接受转让的，停止施工并没收违法所得

D. 行政拘留

E. 构成犯罪的依法追究刑事责任

正确答案：ABDE

19. 取得安全生产许可证的建筑施工企业，发生重大安全事故的，应（　　）。

A. 暂扣安全生产许可证　　　　B. 吊销安全生产许可证

C. 限期整改　　　　　　　　　D. 吊销注册建造师证书

E. 吊销企业资质证书

正确答案：AC

20. 施工总承包单位未履行《建筑起重机械安全监督管理规定》以下（　　）安全职责的，由县级以上地方人民政府建设主管部门责令限期改正。

A. 向安装单位提供拟安装设备位置的基础施工资料，确保建筑起重机械进场安装、拆卸所需的施工条件

B. 审核安装单位、使用单位的资质证书、安全生产许可证和特种作业人员的特种作业操作资格证书

C. 审核安装单位制定的建筑起重机械安装、拆卸工程专项施工方案和生产安全事故应急救援预案

D. 审核使用单位制定的建筑起重机械生产安全事故应急救援预案

E. 施工现场有多台塔式起重机作业时,应当组织制定并实施防止塔式起重机相互碰撞的安全措施

正确答案:ABCDE

21. 违反《中华人民共和国劳动法》的规定,用人单位(　　),由劳动行政部门或者有关部门责令改正,可以处以罚款;情节严重的,提请县级以上人民政府决定责令停产整顿。

　　A. 未提供劳动防护用品　　　　B. 未提供劳动保护设施
　　C. 劳动安全设施不符合规定　　D. 劳动卫生条件不符合标准
　　E. 未按时支付劳动报酬

正确答案:ABCD

22. 依据《安全生产法》规定,下列对承担检测、检验工作机构应当承担的法律责任的叙述,正确的有(　　)。

　　A. 出具虚假证明,构成犯罪的,依照刑法有关规定追究刑事责任
　　B. 尚不够刑事处罚的,没收违法所得
　　C. 其直接负责的主管人员和其他直接责任人员给予撤职的行政处分
　　D. 给他人造成损害的,与生产经营单位承担连带赔偿责任
　　E. 对有违法行为的机构,撤销其相应资格

正确答案:ABDE

23. 违反《建设工程安全生产管理条例》的规定,施工单位的主要负责人、项目负责人未履行安全生产管理职责的,应处以(　　)。

　　A. 责令限期改正
　　B. 逾期未改正的,责令施工单位停业整顿
　　C. 造成重大安全事故、重大伤亡事故或者其他严重后果,构成犯罪的,依照刑法有关规定追究刑事责任
　　D. 尚不够刑事处罚的,处 2 万元以上 20 万元以下的罚款
　　E. 按照管理权限给予撤职处分

正确答案:ABCDE

24. 违反《安全生产法》规定,负有安全生产监督管理职责的部门的工作人员,有下列(　　)行为之一的,给予降级或者撤职的行政处分;构成犯罪的,依照刑法有关规定追究刑事责任。

　　A. 对不符合法定安全生产条件的涉及安全生产的事项予以批准或者验收通过的
　　B. 进行监督检查时未按规定出示有关证件的
　　C. 发现未依法取得批准、验收的单位擅自从事有关活动或者接到举报后不予取缔

或者不依法予以处理的

D. 发现安全事故隐患未进行现场监督整改的

E. 对已经依法取得批准的单位不履行监督管理职责，发现其不再具备安全生产条件而不撤销原批准的

正确答案：ACE

25. 违反《建设工程安全生产管理条例》的规定，建设行政主管部门的工作人员，有下列行为之一的（　　），给予降级或者撤职的行政处分。

A. 对不具备安全生产条件的施工单位颁发资质证书的

B. 对没有安全施工措施的建设工程颁发施工许可证的

C. 发现违法行为不予查处的

D. 不依法履行现场监督的行为

E. 不依法履行监督管理职责的其他行为

正确答案：ABCE

三、判断题（答案 A 表示说法正确，答案 B 表示说法不正确。）

1. 《行政处罚法》规定违法行为在二年内未被发现的，不再给予行政处罚。

正确答案：A

2. 建设单位违反《建筑法》规定，要求建筑设计单位或者建筑施工企业违反建筑工程质量、安全标准，降低工程质量的，责令改正，可以处以罚款；构成犯罪的，依法追究行政责任。

正确答案：B

3. 生产经营单位的主要负责人不依照《安全生产法》规定保证安全生产所必需的资金投入，致使生产经营单位不具备安全生产条件，尚不够刑事处罚的，对生产经营单位的主要负责人给予撤职处分。

正确答案：A

4. 建设单位未将保证安全施工的措施报送有关部门备案的，责令限期改正，给予警告。

正确答案：A

5. 建筑设计单位不按照建筑工程质量、安全标准进行设计的，责令停业整顿，降低资质等级或者吊销资质证书。

正确答案：B

6. 工程监理单位违反强制性标准规定，将不合格的建设工程按照合格签字的，责令改正，处 20 万元以上 50 万元以下的罚款。

正确答案：B

7. 违反《安全生产法》，未按照规定设立安全生产管理机构或者配备安全生产管理人员的，责令限期改正，可以并处 2 万元以下的罚款。

正确答案：B

8. 生产安全事故伤亡依法应承担的责任，但从业人员有违章作业情形的除外。

正确答案：B

9. 《安全生产法》规定，发生生产安全事故，为较大事故的，处五十万元以上一百万元以下的罚款。

正确答案：A

10. 重大事故隐患与重大危险源是引发重大事故的源头，所以两者的概念是等同的。

正确答案：B

11. 《安全生产法》规定，发生生产安全事故，为一般事故的，处十万元以上二十万元以下的罚款。

正确答案：B

12. 《特种设备安全法》规定，特种设备安装单位在验收后十日内未将相关技术资料和文件移交特种设备使用单位的，责令限期改正。

正确答案：B

13. 《特种设备安全法》规定，对使用国家明令淘汰、已经报废的特种设备的单位，责令停止使用，处三万元以上三十万元以下罚款。

正确答案：A

14. 施工单位的安全生产负责人未经安全教育培训或者经考核不合格，不得从事相关工作。

正确答案：A

15. 施工单位的作业人员或者特种作业人员未经安全教育培训或者经考核不合格，不得从事相关工作。

正确答案：A

16. 违反《建设工程安全生产管理条例》规定，建设单位未对因建设工程施工可能造成损害的毗邻建筑物采取专项防护措施的，可处 2 万元以上 5 万元以下的罚款。

正确答案：B

17. 违反《建设工程安全生产管理条例》规定，施工单位使用未经验收的施工升降机的，责令限期改正。

正确答案：A

18. 违反《建设工程安全生产管理条例》规定，施工单位在施工组织设计中未编制安全技术措施、施工现场临时用电方案或者专项施工方案的，责令边施工边整改。

正确答案：B

19. 违反《建设工程安全生产管理条例》规定，施工单位在施工组织设计中未编制安全技术措施，造成重大安全事故，构成犯罪的，对施工单位依照刑法有关规定追究刑事责任。

正确答案：B

20．依据《建设工程安全生产管理条例》规定，施工单位取得资质证书后，降低安全生产条件的，根据情况不同，可降低其资质等级直至吊销资质证书。

正确答案：A

21．违反《建设工程安全生产管理条例》，为建设工程提供机械设备的单位未按照安全施工的要求配备齐全有效的保险、限位等安全设施和装置的，可处合同价款1倍以上3倍以下的罚款。

正确答案：A

22．违反《建设工程安全生产管理条例》，整体提升脚手架安装单位未编制安装方案的，责令限期改正，可处5万元以上10万元以下的罚款。

正确答案：A

23．违反《建设工程安全生产管理条例》，施工起重机械安装、拆卸单位在作业现场未由专业技术人员现场监督的，责令限期改正，处5万元以上10万元以下的罚款。

正确答案：A

24．违反《建设工程安全生产管理条例》，自升式模板安装、拆卸单位未出具自检合格证明或者出具虚假证明的，发生重大伤亡事故或者造成其他严重后果，构成犯罪的，对直接责任人员，依照刑法有关规定追究刑事责任。

正确答案：A

25．违反《安全生产许可证条例》规定，未取得安全生产许可证擅自进行生产的，责令停止生产，没收违法所得，并处1万元以上5万元以下罚款。

正确答案：B

26．违反《安全生产许可证条例》规定，安全生产许可证有效期满未办理延期手续，继续进行生产的，责令停止生产，限期补办延期手续，没收违法所得，并处5万元以上10万元以下罚款。

正确答案：A

27．违反《安全生产许可证条例》规定，转让安全生产许可证的，没收违法所得，处10万元以上50万元以下的罚款，并暂扣其安全生产许可证；构成犯罪的，依法追究刑事责任。

正确答案：B

28．《生产安全事故报告和调查处理条例》规定，当事故发生单位谎报或者瞒报事故的，对事故发生单位处100万元以上500万元以下的罚款。

正确答案：A

29．违反《建筑施工企业安全生产许可证管理规定》取得安全生产许可证的建筑施工企业，发生重大安全事故的，吊销安全生产许可证并限期整改。

正确答案：B

30．违反《建筑施工企业安全生产许可证管理规定》建筑施工企业不再具备安全生产条件，情节严重的，暂扣安全生产许可证。

正确答案：B

31．违反《建筑施工企业安全生产许可证管理规定》，建筑施工企业转让安全生产许可证的，应没收违法所得。

正确答案：A

32．违反《建筑施工企业安全生产许可证管理规定》，冒用安全生产许可证或者使用伪造的安全生产许可证的，责令其在建项目停止施工，没收违法所得。

正确答案：A

33．建筑施工企业以欺骗、贿赂等不正当手段取得安全生产许可证的，撤销安全生产许可证，不得再次申请安全生产许可证。

正确答案：B

34．建筑施工企业安全管理人员提供虚假材料申请安全生产考核的，考核机关不予考核，并给予警告；其本人3年内不得再次申请考核。

正确答案：B

35．违反《环境保护法》，建设项目的防止污染设施没有达到国家规定的要求，投入使用的，由批准该建设项目的环境影响报告书的建设行政主管部门责令停止生产或者使用，可以并处罚款。

正确答案：B

36．违反《劳动法》的规定，用人单位强令劳动者违章冒险作业，发生重大伤亡事故，造成严重后果的，对责任人员依法追究刑事责任。

正确答案：A

37．违反《工伤保险条例》的规定，用人单位依照本条例规定应当参加工伤保险而未参加的，由社会保险行政部门责令限期参加，自参加之日起缴纳的工伤保险费。

正确答案：B

38．违反《消防法》的规定，占用、堵塞、封闭消防车通道，妨碍消防车通行的，责令改正，处5000以上5万元以下罚款。

正确答案：A

39．违反《安全生产法》，承担安全评价的机构，出具虚假证明，尚不够刑事处罚的，没收违法所得。

正确答案：A

40．违反《安全生产法》，承担检验工作的机构出具虚假证明，尚不够刑事处罚的，没收违法所得，有违法行为的机构，撤销其相应资格。

正确答案：

41．为建设工程提供机械设备的单位违反《建设工程安全生产管理条例》，未按照安全施工的要求配备齐全有效的保险、限位等安全设施和装置的，责令限期改正。

正确答案：B

42．出租单位、自购建筑起重机械的使用单位违反《建筑起重机械安全监督管理规定》，未按照规定办理备案的，由县级以上地方人民政府建设主管部门责令限期改正，予以警告，并处以 5000 元以上 2 万元以下罚款。

正确答案：B

43．《建筑起重机械安全监督管理规定》中规定安装单位制定建筑起重机械安装、拆卸工程生产安全事故应急救援预案。

正确答案：A

44．对重大危险源未登记建档，或者未进行评估、监控，或者未制定应急预案的，《安全生产法》的规定，对其直接负责的主管人员和其他直接责任人员处一万元以上五万元以下的罚款。

正确答案：B

45．违反《安全生产法》，对不符合法定安全生产条件的涉及安全生产的事项予以验收通过的，对负有安全生产监督管理职责的部门的工作人员，给予降级或者撤职的行政处分；构成犯罪的，依照刑法有关规定追究刑事责任。

正确答案：A

46．违反《安全生产法》，对已经依法取得批准的单位不履行监督管理职责，对负有安全生产监督管理职责的部门的工作人员，给予降级或者撤职的行政处分。

正确答案：A

47．建设行政主管部门的工作人员，依据《建设工程安全生产管理条例》，可以暂时对没有安全施工措施的建设工程颁发施工许可证。

正确答案：B

48．违反《安全生产许可证条例》，安全生产许可证颁发管理机关工作人员，向不符合本条例规定的安全生产条件的企业颁发安全生产许可证的，给予行政处分。

正确答案：A

49．违反《安全生产许可证条例》，安全生产许可证颁发管理机关工作人员，在安全生产许可证颁发工作中，接受企业的财物的，给予行政处分。

正确答案：A

50．违反《建筑施工企业安全生产许可证管理规定》，建设主管部门工作人员在安全生产许可证监督检查工作中，谋取其他利益的，给予行政处分。

正确答案：A

第 4 章 建设行政执法简介

本 章 要 点

本章主要介绍了建设行政执法的概念和基本内容、建设工程行政许可和备案以及执法的主要程序。

4.1 建设行政执法概述

4.1.1 建设行政执法的概念

行政执法作为执法的重要组成部分，是指各级行政机关以及行政机关依据法律、法规和规章的规定委托的事业单位，为执行法律、法规和规章而依照法定职责做出的行政行为。建设行政执法是指建设行政主管部门及其授权、委托的机构，在职能权限或者授权、委托的范围内，依照建设行政法律、法规和规章的规定作出的具体行政行为。

建设行政执法主体是建设行政主管部门及其依法委托的机构，执法依据是建设法律、法规和规章，根据其他法律的执法行为不能归入建设行政执法的范畴，建设行政执法有以下特征：

（1）建设行政执法具有广泛性。建设行政执法包括城市规划、勘察设计、施工、工程监理、房地产市场等，内容繁多复杂，具有广泛性的特点。

（2）建设行政执法具有专业技术性。建设行政执法除了依据建设法律、法规和规章外，还要依据一些专业技术标准、规范，进行分析判断得出科学结论，具有较强的专业技术性。

（3）建设行政执法具有民事、行政交叉性。建设行政执法中，如房地产管理、建筑市场管理等执法活动中，既有行政的关系，又有民事关系。其中民事关系又受其他国家机关监督管理，体现民事和行政交融为一的特点。

4.1.2 建设行政执法的基本内容

行政执法行为是指行政执法机关及其工作人员为了实现其管理职能，以行政执法机关名义所做出的产生行政法律后果的行为。建设行政执法包括以下基本内容：

(1) 建设行政决定

建设行政决定是指建设行政执法主体对管理相对人的权利和义务作出单方面的处理,主要包括行政许可、行政命令、行政奖励三方面的内容。如核发建筑业企业资质等级证书、核发施工许可证、征收建设规划费、表彰安全生产先进单位等。

(2) 建设行政检查

建设行政检查是指建设行政执法主体为督促管理相对人遵守建设法律、法规和规章,而强制性了解管理相对人守法情况的一种具体行政行为。建设行政检查的主要形式有实地检查和书面检查两种。如建筑安全监督管理机构进入施工现场进行安全检查。

(3) 建设行政处罚

建设行政处罚是指建设行政执法主体因相对人违反建设法律法规和规章,而对相对人采取的惩戒和制裁行为。

建设行政处罚的形式主要有以下三种:

1) 申戒罚。主要指对相对人违反建设工程法律法规的较轻微行为给予警告或谴责,包括各种形式的警告等。

2) 财产罚。主要指罚款、没收非法所得、没收非法财物等。如《安全生产许可证条例》第19条规定:未取得安全生产许可证擅自进行生产的,责令停止生产,没收违法所得,并处10万元以上50万元以下的罚款。

3) 行为罚。主要指停业整顿,降低资质等级,吊销企业资质证书,暂扣、吊销安全生产许可证,吊销执业人员的执业资格等。如《建设工程安全生产管理条例》第58条规定:注册执业人员未执行法律、法规和工程建设强制性标准的,责令停止执业3个月以上1年以下;情节严重的,吊销执业资格证书,5年内不予注册;造成重大安全事故的,终身不予注册。

(4) 建设行政强制措施

建设行政强制措施是指为了预防、制止在工程建设活动中正在发生、可能发生的违法行为、危险状态以及不利后果,依法采取的对有关的管理相对人一种行政行为。如对安全隐患严重的在建工程责令施工单位停工整改,消除隐患。

(5) 建设行政处分

建设行政机关、企事业单位根据法律、法规和规章的有关规定,按照管理权限,由所在单位或者其上级建设行政部门对犯有违法和违纪行为的工作人员所给予的一种制裁处理。如《安全生产领域违法违纪行为政纪处分暂行规定》规定,国有企业及其工作人员对发生的生产安全事故瞒报、谎报或者拖延不报的,对有关责任人员,给予记过或者记大过处分;情节较重的,给予降级、撤职或者留用察看处分;情节严重的,给予开除处分。

(6) 建设行政强制执行

建设行政强制执行是指公民、法人或者其他组织逾期拒不履行生效的行政决定所确定的义务,由建设行政执法主体或申请人民法院强制其履行义务或达到与履行义务相同状态的具体行政行为。如:建设主管部门责令违章建筑、违法占地建筑的所有人或使用人在指定期限内拆除违章建筑,如逾期不履行,可由执行机关通过法定程序或申请人民法院强行拆除。

4.1.3 建设行政许可

依据我国《行政许可法》的规定,行政许可是指行政机关根据公民、法人或者其他组织的申请,经依法审查,准予其从事特定活动的行为。对建设工程实施行政许可,目的是从源头上控制市场准入,保证只有符合资格的市场主体才能从事建筑产品生产活动,从而最大限度保障职业安全。

建设行政许可指建设行政执法主体对相对人的申请表示同意,并赋予其某种资格或者权利。建设行政许可主要包括三种形式:一是对单位颁发的资质证书,如建筑业企业资质证书、安全生产许可证等;二是对某种活动颁发的资格证书,如建设用地规划许可证、施工许可证等;三是对个人颁发的资格证书,如安全管理人员考核合格证书、特种作业人员操作证书等。与建筑安全生产管理相关的重要的建设行政许可如下:

(1) 建筑施工企业资质许可

依据《建设工程安全生产管理条例》,施工单位应当依法取得相应等级的资质证书,并在其资质等级许可的范围内承揽工程。

(2) 建筑施工企业安全生产许可

依据《安全生产许可证条例》和《建筑施工企业安全生产许可证管理规定》,从事建筑施工活动的建筑施工企业必须取得安全生产许可证。企业取得安全生产许可证后,不得降低安全生产条件,否则将被建设主管部门暂扣或吊销安全生产许可证。

(3) 建设工程项目施工许可

依据《建筑工程施工许可管理办法》,建设工程项目开工之前,建设单位必须向建设主管部门申请领取施工许可证后方可施工。建设单位在申请施工许可证时,未提供建设工程有关安全技术措施资料的,不得颁发施工许可证。

(4) 建筑施工企业"三类人员"安全职业资格考核

所谓建筑施工企业"三类人员",又称"安管人员",是指建筑施工企业的主要负责人、项目负责人和专职安全生产管理人员。依据《建设工程安全生产管理条例》,"三类人员"应当经建设主管部门或者其他有关部门考核合格后方可任职。"三类人员"任职考核制度既是一项独立的行政许可,也是施工企业取得安全生产许可证的条件之一。对于取得考核合格证书的人员,发现有违反安全生产法律法规、未履行安全生产管理职责、不按规定接受企业年度安全生产教育培训、发生死亡事故,情节严重的,收回安全生产考核合格证书,限期改正,重新考核。

建筑工程和市政工程企业,由建设行政主管部门考核,其他施工企业由交通、水利等部门考核。

(5) 建筑施工特种作业人员安全职业资格考核

建筑施工特种作业人员是指在房屋建筑和市政工程施工活动中,从事可能对本人、他人及周围设备设施的安全造成重大危害作业的人员。依据《建设工程安全生产管理条例》和《建筑施工特种作业人员管理规定》,特种作业人员必须经建设主管部门考核合格,取得建筑施工特种作业人员操作资格证书,方可上岗从事相应作业。

4.1.4 建设行政备案

根据《安全生产法》第37条"生产经营单位应当按照国家有关规定将本单位重大危险源及有关安全措施、应急措施报有关地方人民政府安全生产监督管理部门和有关部门备案"的规定,目前,在建筑施工中常用的行政备案如下:

(1) 建筑工程安全施工措施备案

建设单位在申请领取施工许可证,以及自开工报告批准之日起15日内,应将工程项目保证安全施工的措施资料,报建设主管部门或者其他有关部门备案。

(2) 建筑起重机械产权备案

建筑起重机械出租单位或自购建筑起重机械使用单位应在建筑起重机械首次出租或安装前办理产权备案。

4.2 建设行政处罚程序

建设部《建设行政处罚程序暂行规定》(建设部令第66号)对建设行政执法程序作了具体规定,包括简易程序、一般程序、听证程序、送达程序、执行程序和结案。

4.2.1 简易程序

(1) 违法事实确凿并有法定依据,对公民处以50元以下、对法人或者其他组织处以1000元以下罚款或者警告的行政处罚的,可以当场作出建设行政处罚决定;

(2) 适用简易程序当场作出处罚决定的,建设行政执法机关和执法人员必须遵守下列规定:

1) 向当事人出示自己执法身份证件,表明身份;

2) 当场指出违法行为和违法事实,说明要给予行政处罚的理由及有关依据;

3) 告知当事人有权进行陈述和申辩,同时要听取当事人陈述与申辩;

4) 制作建设行政处罚当场处罚笔录，填写《建设行政处罚当场处罚决定书》，经执法人员签字或盖章后，当场交付当事人；

5)《建设行政处罚当场处罚决定书》应当载明当事人违法行为、行政处罚的依据、处罚的决定、处罚时间、地点以及作出处罚决定的机关等。除上述内容外，还要载明当事人有权申请复议或诉讼的内容。

6) 当场作出的建设行政处罚决定，必须在15日内报送所属行政机关备案。

4.2.2 一般程序

（1）除可以当场作出的行政处罚外，建设行政执法人员应当按照一般程序的规定实施建设行政处罚。

（2）一般程序是行政处罚的基本程序，适用于简易程序案件之外的行政处罚案件。适用一般程序作出处罚决定的，建设行政执法机关和执法人员必须遵守下列规定：

1) 发现或者接到举报、控告、移送、上级交办、主动交待等违反建设法律法规和规章，依法应当给予行政处罚的行为时，首先应当立案，填写《建设行政处罚案件立案审批表》，报行政负责人审批。

2) 对认为需要给予建设行政处罚的，在7日内立案。立案应当符合以下条件：

① 有违法行为发生；

② 违法行为属于应受行政处罚的行为；

③ 属于本机关管辖；

④ 属于一般程序的适用范围。

3) 立案后必须全面、客观、公正地调查、收集证据。调查、收集证据时应遵守下列规定：

① 调查处理建设行政处罚案件，执法人员不得少于2人。应当向当事人和有关人员出示证件，告知当事人有义务如实回答询问，并协助调查和检查，不得阻挠。

② 调查和检查还应遵循执法人员回避制度，与当事人有利害关系的应当回避，当事人也有权申请相关执法人员依法回避。

③ 建设行政执法人员处理建设行政处罚案件应当向当事人或者其他知情人进行调查。收集、调取证据时，应当制作笔录，并填写《建设行政处罚案件调查笔录》；被调查人拒绝回答的，不影响根据证据对案件事实的认定。

④ 调查笔录应当交被调查人审核。对没有阅读能力的，应当向其宣读，被调查人提出补充或者改正的，应当允许；被调查人确认调查笔录无误后，由调查人和有关人员在笔录上签字；被调查人拒绝签字或者盖章的应当在笔录中注明。

⑤ 建设行政执法人员实施收集证据，在证据可能丢失或者以后难以取得的情况下，经行政机关负责人批准，可以先行登记保存，填写《建设行政处罚证据保存登记表》，

并于 7 日内及时作出处理决定，在此期间当事人或者有关人员不得销毁或者转移证据。

⑥ 建设行政执法人员对于违法行为的场所、物品应当进行勘验、检查。必要时，可以指派或者聘请具有专门知识的人员进行勘验、检查，并可邀请与案件无关的见证人和有关当事人参加；当事人拒绝参加的，不影响勘验、检查的进行。勘验、检查应当填写《建设行政处罚案件现场勘验笔录》，由参加勘验、检查的人员和被邀请的见证人和有关当事人签名或盖章。

⑦ 对建设行政处罚案件中的专门性问题，行政处罚的实施机关可指派或者邀请有专门知识的人员进行鉴定；鉴定人进行鉴定后，应当提供书面鉴定结论并签字或者盖章。

4) 建设行政处罚案件经调查事实清楚、证据确凿的，由建设行政执法人员将《建设行政处罚案件立案审批表》和有关证据材料报送法制工作机构，法制工作机构提出初步意见后，报行政主管部门审查决定。

5) 凡决定给予建设行政处罚的，应当填写《建设行政处罚决定书》。《建设行政处罚决定书》的内容包括：

① 当事人的姓名或者名称、地址；
② 违反法律、法规或者规章的事实和证据；
③ 建设行政处罚的种类和依据；
④ 建设行政处罚的履行方式和期限；
⑤ 不服建设行政处罚决定，申请行政复议或提起行政诉讼的途径和期限；
⑥ 作出处罚决定的建设主管部门的名称和作出行政处罚决定的日期。

由建设主管部门或者其委托机构作出的建设行政处罚，《建设行政处罚决定书》必须盖有建设主管部门的印章；法律、法规授权的组织作出的建设行政处罚，《建设行政处罚决定书》必须盖有该组织的印章。

6) 建设行政处罚决定生效后，任何人不得擅自变更或解除。处罚决定确有错误需要变更或修改的，应由原执法机关撤销原处罚决定，重新作出处罚决定。

4.2.3 听证程序

（1）建设行政执法机关作出吊销资质证书、执业资格证书、责令停业整顿（包括属于停业整顿性质、责令在规定的时限内不得承接新的业务的处罚）、责令停止执业业务、没收违法建筑物、构筑物和其他设施以及处以较大数额罚款等行政处罚决定之前，应当填写《建设行政处罚听证权利告知书》，告知当事人有要求举行听证的权利。

（2）当事人要求听证的，应自接到听证通知之日起 3 日内以书面或口头方式向行政主管部门提出。行政主管部门应当组织听证，制发《建设行政处罚听证会通知书》。自听证通知送达之日起 3 日内，当事人不要求举行听证的，视为放弃要求举行听证的权利。

（3）听证依照法定程序进行，应制作《建设行政处罚听证笔录》。

(4) 听证结束后,建设主管部门应当重新作出决定。

4.2.4 送达程序

(1) 送达《建设行政处罚决定书》或有关文书,应直接送受送达人。受送达人应在《建设行政法律文书送达回证》上签名或者盖章,并注明签收日期,签收日期应为送达日期。

(2) 受送达人拒绝接受《建设行政处罚决定书》或有关文书的,送达人应当邀请有关基层组织的代表或其他人到场见证,在送达回执上注明拒收事由和日期,由送达人、见证人签名或盖章,将《建设行政处罚决定书》或有关文书留在受送达人处,即视为送达。

(3) 不能直接送达或直接送达有困难的,按下列规定送达:

1) 受送达人不在的,交其同住的成年家属签收;
2) 受送达人已向执法机关指定代收人的,由代收人签收;
3) 邮寄送达的,以挂号因数上注明的收件日期为送达日期;
4) 受送达人下落不明的,以公告送达,自公告发布之日起 3 个月即视为送达。

4.2.5 执行程序

(1) 行政处罚决定一经作出即发生法律效力,当事人应当自觉履行。当事人不履行处罚决定,建设主管部门可以依法强制执行或申请人民法院强制执行。

(2) 当事人不服建设主管部门作出的行政处罚决定,可以依法向同级人民政府或上一级建设主管部门申请行政复议;也可依法直接向人民法院提起行政诉讼。

(3) 行政复议和行政诉讼期间,行政处罚决定不停止执行,但法律、行政法规另有规定的除外。

4.2.6 结案

建设行政处罚案件办理终结,需由承办人填写《建设行政处罚案件结案报告》,将案件的全部材料立卷归档。

上级交办的建设行政处罚案件办理终结,承办单位应当将案件的处理结果向交办单位报告。

考 试 习 题

一、**单项选择题**(每小题有 4 个备选答案,其中只有 1 个是正确选项。)

1. 行政执法是指各级行政机关以及行政机关依据法律、法规、规章的规定委托的

第4章 建设行政执法简介

（　　），为执行法律、法规和规章而依照法定职责做出的行政行为。

A. 事业单位　　B. 中介机构　　C. 经营单位　　D. 执业人员

正确答案：A

2. 在我国，授权执法和委托执法是行政机关执法的必要补充。其中，委托是指行政执法主体依据法律、法规和规章的规定，通过一定的程序将本机关拥有的某些或某个方面的行政执法权交给具有法定条件的事业单位，并由（　　）承担执法后果的活动。

A. 人民政府　　　　　　　　B. 委托机关
C. 相应事业单位　　　　　　D. 相应事业单位负责人

正确答案：B

3. 最常见的建设行政处理形式是（　　）。

A. 行政处罚　　B. 行政许可　　C. 行政处分　　D. 罚款

正确答案：B

4. 行政处罚是一种由行政机关或法律、法规授权的组织实施的对违反（　　）的公民、法人或者其他组织采取惩罚性制裁措施的一种具体行政行为。

A. 行政管理程序　　　　　　B. 民法规定行为
C. 社会团体章程　　　　　　D. 刑法有关规定

正确答案：A

5. 不是建设行政许可的是（　　）。

A. 安全生产许可证　　　　　B. 安全报监证
C. 特种作业人员操作证书　　D. 建筑业企业资质证书

正确答案：B

6. 建设单位在申请领取施工许可证，以及自开工报告批准之日起（　　）内，应将工程项目保证安全施工的措施资料，报建设主管部门或者其他有关部门备案。

A. 3日　　B. 5日　　C. 15日　　D. 30日

正确答案：C

7. 实施行政处罚时，简易程序指违法事实确凿并有法定依据，对公民处以50元以下、对法人和其他组织处以1000元以下罚款或者警告处罚的，可以（　　）行政处罚决定。

A. 3日内作出　　　　　　　B. 直接执行
C. 向法院申请执行　　　　　D. 当场作出

正确答案：D

8. 行政机关和当事人对违法事实认定有重大分歧，当事人要求听证或者行政机关认为有必要进行听证的，行政机关应当组织听证，进入（　　）。

A. 协议程序　　B. 一般程序　　C. 听证程序　　D. 特殊程序

正确答案：C

9. 当事人要求听证的，应自接到听证通知之日起（　　）日内以书面或口头方式向行政主管部门提出。

　　A. 6日　　　　　B. 5日　　　　　C. 4日　　　　　D. 3日

正确答案：D

10. 行政复议是指公民、法人或者其他组织认为行政主体的具体行政行为违法或不当侵犯其合法权益，依法向（　　）提出复查该具体行政行为的申请，行政复议机关依照法定程序对被申请的具体行政行为进行合法性、适当性审查，并作出行政复议决定的一种法律制度。

　　A. 人民法院　　　　　　　　　　B. 原行政机关
　　C. 上一级行政机关　　　　　　　D. 法定仲裁机构

正确答案：C

二、**多项选择题**（每小题有5个备选答案，其中至少有2个是正确选项。）

1. 根据行政执法的概念，行政执法的特征有（　　）。

　　A. 行政性　　　B. 强制性　　　C. 随意性　　　D. 程序性
　　E. 广泛性

正确答案：ABDE

2. 行政执法主体是指行政执法活动的承担者。下列关于行政执法主体应当具备的条件的叙述正确的是（　　）。

　　A. 行政执法主体必须是组织而不是自然人
　　B. 行政执法主体既可以是组织而也可以是有执法资格的自然人
　　C. 行政执法主体的成立必须有合法的依据
　　D. 行政执法主体必须有具体明确的职责范围
　　E. 行政执法主体必须能以自己的名义做出具体的行政行为并承担相应的执法责任

正确答案：ACDE

3. 行政处罚分（　　）和人身罚五类，如行政拘留即属于对行政处罚相对人的人身罚。

　　A. 申诫罚　　　B. 资格罚　　　C. 行为罚　　　D. 财产罚
　　E. 协议罚

正确答案：ABCD

4. 行政处罚的一般程序中，对认为需要给予建设行政处罚的，在7日内立案。立案应当的条件有（　　）。

　　A. 造成重大经济损失　　　　　　B. 有违法行为发生
　　C. 违法行为属于应受行政处罚的行为　　D. 属于本机关管辖

E. 属于一般程序的适用范围

正确答案：BCDE

5.《建设行政处罚决定书》或有关文书不能直接送达或直接送达有困难的,应当（   ）。

A. 受送达人不在的,交其同住的成年家属签收

B. 受送达人已向执法机关指定代收人的,由代收人签收

C. 邮寄送达的,以挂号因数上注明的收件日期为送达日期

D. 受送达人下落不明的,以公告送达,自公告发布之日起 3 个月即视为送达

E. 留置送达

正确答案：ABCD

三、判断题（答案 A 表示说法正确,答案 B 表示说法不正确。）

1. 在行政执法过程中,如果法律明确规定了执行职务必须履行的程序,不按照法定的执法程序或者遗漏某个程序实施处罚就是违法。

正确答案：A

2. 在我国,授权执法和委托执法已成为行政机关执法的必要补充。授权是指国家通过法律、法规明文规定的形式将某些行政执法权交给事业单位行使。

正确答案：A

3. 行政处罚应当遵循处罚法定原则、公正公开原则、过罚相当原则、处罚与教育相结合原则、一事不再罚原则和监督制约原则。

正确答案：A

4. 行政执法行为的形式包括行政检查、行政决定和行政强制执行。其中行政强制执行的方法主要包括对人身、财产和行为的强制执行三种。

正确答案：A

5. 建设行政执法人员当场作出的建设行政处罚决定,必须在 15 日内报送所属行政机关备案。

正确答案：A

6. 由建设主管部门或者其委托机构作出的建设行政处罚,《建设行政处罚决定书》必须盖有委托机构的印章。

正确答案：B

7. 行政处罚的听证程序是指行政机关作出重大行政处罚决定之前,应当告知当事人有要求举行听证的权利。

正确答案：A

8. 行政处罚决定作出后经当事人签收后发生法律效力。

正确答案：B

9. 行政诉讼是指公民、法人或者其他组织认为行政机关的行政行为侵犯其合法权益，依法向当地人民政府请求司法保护，当地人民政府通过对被诉行政行为的合法性进行审查，从而解决特定范围内行政争议的活动。

10. 行政复议和行政诉讼期间，行政处罚决定应停止执行，但法律、行政法规另有规定的除外。

正确答案：B

附录1 现行建设工程安全管理法律法规和文件目录

一、法律

1. 《安全生产法》国家主席令13号
2. 《建筑法》国家主席令91号（2011年修改）
3. 《消防法》国家主席令6号（2008年修订）
4. 《特种设备安全法》国家主席令第4号
5. 《防震减灾法》国家主席令7号（2008年修订）
6. 《突发事件应对法》国家主席令69号
7. 《环境保护法》国家主席令22号（2014年修订）
8. 《环境影响评价法》国家主席令第77号（2018年修订）
9. 《固体废物污染环境防治法》国家主席令31号（2016年修订）
10. 《水污染防治法》国家主席令66号（2008年修订）
11. 《大气污染防治法》国家主席令32号（2015年修订）
12. 《环境噪声污染防治法》国家主席令77号（2018年修订）
13. 《职业病防治法》国家主席令60号（2018年修订）
14. 《劳动法》国家主席令65号（2018年修订）
15. 《劳动合同法》国家主席令65号（2012年修订）
16. 《社会保险法》国家主席令35号
17. 《招标投标法》国家主席令21号
18. 《产品质量法》国家主席令33号
19. 《刑法》国家主席令83号（2009年修正）
20. 《行政诉讼法》国家主席令16号
21. 《行政许可法》国家主席令7号
22. 《行政处罚法》国家主席令63号
23. 《行政复议法》国家主席令16号
24. 《国家赔偿法》国家主席令23号
25. 《民法通则》国家主席令37号

二、行政法规

1. 《生产安全事故报告和调查处理条例》国务院令第493号
2. 《安全生产许可证条例》国务院令第397号
3. 《建设工程安全生产管理条例》国务院令第393号

4. 《国务院关于特大安全事故行政责任追究的规定》国务院令第 302 号
5. 《城市市容和环境卫生条例》国务院令第 101 号
6. 《村庄和集镇规划建设管理条例》国务院令第 116 号
7. 《建设工程质量管理条例》国务院令第 279 号
8. 《建设工程勘察设计管理条例》国务院令第 293 号
9. 《工伤保险条例》国务院令第 375 号
10. 《认证认可条例》国务院令第 390 号
11. 《劳动保障监察条例》国务院令第 423 号
12. 《建设项目环境保护管理条例》国务院令第 253 号
13. 《中华人民共和国防汛条例》国务院令第 441 号
14. 《危险化学品管理条例》国务院令 591 号
15. 《女职工劳动保护特别规定》国务院令 619 号

三、行政规章

1. 《建筑施工企业安全生产许可证管理规定》建设部令第 128 号
2. 《建筑起重机械安全监督管理规定》建设部令第 166 号
3. 《实施工程建设强制性标准监督规定》建设部令第 81 号
4. 《建筑业企业资质管理规定》建设部令第 159 号
5. 《建筑工程施工许可管理办法》建设部令第 18 号
6. 《工程监理企业资质管理规定》建设部令第 158 号
7. 《建设领域推广应用新技术管理规定》建设部令第 109 号
8. 《建设工程勘察质量管理办法》建设部令第 163 号
9. 《城市建筑垃圾管理规定》建设部令第 139 号
10. 《房屋建筑和市政基础设施工程施工分包管理办法》建设部令第 124 号
11. 《建设工程消防监督管理规定》公安部令第 106 号
12. 《消防监督检查规定》公安部令第 107 号
13. 《火灾事故调查规定》公安部令第 108 号
14. 《环境行政处罚办法》环境保护部令第 8 号
15. 《作业场所职业健康监督管理暂行规定》安监总局令第 23 号
16. 《作业场所职业危害申报管理办法》安监总局令第 27 号
17. 《劳动防护用品监督管理规定》安监总局令第 1 号
18. 《〈生产安全事故报告和调查处理条例〉罚款处罚暂行规定》安监总局令第 13 号
19. 《安全生产事故隐患排查治理暂行规定》安监总局令第 16 号
20. 《生产安全事故应急预案管理办法》安监总局令第 16 号
21. 《生产安全事故信息报告和处置办法》安监总局令第 21 号

22. 《建设项目安全设施"三同时"监督管理暂行办法》安监总局令第 36 号
23. 《用人单位职业健康监护监督管理办法》安监总局令第 49 号
24. 《安全生产行政复议规定》安监总局令第 14 号
25. 《安全生产违法行为行政处罚办法》安监总局令第 15 号
26. 《安全生产领域违法违纪行为政纪处分暂行规定》监察部、安监总局令第 11 号
27. 《工作场所职业卫生监督管理规定》安监总局令第 47 号
28. 《危险化学品建设项目安全监督管理办法》安监总局令第 45 号
29. 《安全生产培训管理办法》安监总局令第 44 号
30. 《生产经营单位安全培训规定》安监总局令第 3 号（2013 年 8 月 19 修改）
31. 《安全生产行政处罚自由裁量适用规则（试行）》安监总局令第 31 号
32. 《特种作业人员安全技术培训考核管理规定》安监总局令第 30 号
33. 《水利工程建设安全生产管理规定》水利部令第 26 号

四、安全生产文件

（一）国务院

1. 《关于 2006 年安全生产控制指标中房屋建筑及市政工程范围有关问题复函》安委办函〔2006〕45 号
2. 《国务院办公厅转发安全监管总局等部门关于加强企业应急管理工作意见的通知》国办发〔2007〕13 号
3. 《国务院关于进一步加强安全生产工作的决定》国发〔2004〕2 号
4. 《国务院关于进一步加强企业安全生产工作的通知》国发〔2010〕23 号
5. 《国务院关于坚持科学发展安全发展促进安全生产形势持续稳定好转的意见》国发〔2011〕40 号
6. 《国务院安委会关于进一步加强安全培训工作的决定》安委〔2012〕10 号

（二）水利部及相关部委办

1. 《关于印发〈水利工程建设安全生产监督检查导则〉的通知》水安监〔2011〕475 号
2. 《水利部关于进一步加强水利安全生产应急管理提高生产安全事故应急处置能力的通知》水安监〔2014〕19 号
3. 《水利生产安全事故应急预案（试行）》水安监〔2016〕443 号
4. 《水利部关于印发〈贯彻落实《中共中央国务院关于推进安全生产领域改革发展的意见》实施办法〉的通知》水安监〔2017〕261 号
5. 《关于建立水利建设工程安全生产条件市场准入制度的通知》水建管〔2005〕80 号
6. 《加强水利工程建设招标投标、建设实施和质量安全管理工作指导意见》水建

管〔2009〕618号

7.《建筑施工企业安全生产许可证管理规定实施意见》建质〔2004〕148号

8.《建筑施工企业安全生产许可证动态监管暂行办法》建质〔2008〕121号

9.《建筑施工企业安全生产管理机构设置及专职安全生产管理人员配备办法》建质〔2008〕91号

10.《危险性较大的分部分项工程安全管理办法》建质〔2009〕87号

11.《建设工程高大模板支撑系统施工安全监督管理导则》建质〔2009〕254号

12.《建筑施工安全生产标准化考评暂行办法》建质〔2014〕111号

13.《国家安全监管总局关于调整生产安全事故调度统计报告的通知》安监总调度〔2007〕120号

14.《建筑工程安全生产监督管理工作导则》建质〔2005〕84号

15.《关于开展建筑施工安全质量标准化工作的指导意见》建质〔2005〕232号

16.《关于落实建设工程安全生产监理责任的若干意见》建市〔2006〕248号

17.《关于加强重大工程安全质量保障措施的通知》发改投资〔2009〕3183号

18.《建筑工程施工转包违法分包等违法行为认定查处管理办法（试行）》建市〔2014〕118号

19.《关于进一步加强和完善建筑劳务管理工作的指导意见》建市〔2014〕112号

20.《建筑施工企业负责人及项目负责人施工现场带班暂行办法》建质〔2011〕111号

21.《建筑施工附着升降脚手架管理暂行规定》建建〔2000〕230号

22.《建筑工程预防高处坠落事故若干规定》和《建筑工程预防坍塌事故若干规定》建质〔2003〕82号

23.《关于进一步加强城市地下管线保护工作的通知》建质〔2010〕126号

24.《关于转发财政部、安全监管总局〈企业安全生产费用提取和使用管理办法〉的通知》建质〔2012〕32号

25.《关于印发〈建筑施工企业安全生产许可证动态监管暂行办法〉的通知》建质〔2008〕121号

26.《建筑施工人员个人劳动保护用品使用管理暂行规定》建质〔2007〕255号

27.《突发事件应急演练指南》应急办函〔2009〕62号

28.《关于印发〈人体重伤鉴定标准〉的通知》司发〔1990〕070号

29.《房屋市政工程生产安全和质量事故查处督办暂行办法》建质〔2011〕66号

30.《房屋市政工程生产安全重大隐患排查治理挂牌督办暂行办法》建质〔2011〕158号

31.《建设领域安全生产行政责任规定》建法〔2002〕223号

32. 《关于开展建筑施工安全生产标准化考评工作的指导意见》建办质〔2013〕11 号

33. 《建设部关于加强建筑意外伤害保险工作的指导意见》建质〔2003〕107 号

34. 《建筑施工项目经理质量安全责任十项规定（试行）》建质〔2014〕123 号

35. 《水利部关于印发发〈水利工程生产安全重大事故隐患判定标准（试行）〉的通知》水安监〔2017〕344 号

36. 《关于进一步加强水利安全生产事故隐患排查治理工作的意见》水安监〔2017〕409 号

37. 《水利部办公厅关于进一步加强水利水电施工企业主要负责人、项目负责人和专职安全生产管理人员安全生产培训工作的通知》办安监函〔2015〕1516 号

38. 《水利工程建设项目验收管理规定》水利部令第 49 号（2017 年修正）

附录2 现行主要建筑安全技术规范标准目录

1. 《水利水电工程劳动安全与工业卫生设计规范》GB 50706—2011
2. 《安全网》GB 5725—2009
3. 《安全带》GB 6095—2009
4. 《安全帽》GB 2811—2007
5. 《安全色》GB 2893—2008
6. 《安全标志及其使用导则》GB 2894—2008
7. 《安全色光通用规则》GB/T 14778—2008
8. 《消防安全标志设置要求》GB 15630—1995
9. 《消防安全标志第1部分：标志》GB 13495.1—2015
10. 《个体防护装备防护鞋》GB 21147—2007
11. 《个体防护装备安全鞋》GB 21148—2007
12. 《焊接与切割安全》GB 9448—1999
13. 《危险化学品重大危险源辨识》GB 18218—2018
14. 《化学品分类和危险性公示 通则》GB 13690—2009
15. 《常用化学危险品储存通则》GB 15603—1995
16. 《化学品分类和危险性公示通则》GB 13690—2009
17. 《固定式钢梯及平台安全要求 第3部分：工业防护栏杆及钢平台》GB 4053.3—2009
18. 《高温作业分级》GB/T 4200—2008
19. 《生产过程危险和有害因素分类与代码》GB 13861—2009
20. 《爆破安全规程》GB 6722—2014
21. 《自动喷水灭火系统施工及验收规范》GB 50261—2017
22. 《气体灭火系统施工及验收规范》GB 50263—2007
23. 《泡沫灭火系统施工及验收规范》GB 50281—2006
24. 《火灾自动报警系统施工及验收规范》GB 50166—2007
25. 《建筑灭火器配置设计规范》GB 50140—2005
26. 《施工企业安全生产管理规范》GB 50656—2011
27. 《建设工程施工现场供用电安全规范》GB 50194—2014
28. 《建设工程施工现场消防安全技术规范》GB 50720—2011
29. 《水利工程设计防火规范》GB 50987—2014

30.《塔式起重机安全规程》GB 5144—2006
31.《吊笼有垂直导向的人货两用施工升降机》GB 26557—2011
32.《起重机械安全规程》第1部分：总则 GB 6067.1—2010
33.《起重机械安全规程》第5部分：桥式和门式起重机 GB 6067.5—2014
34.《安全防范工程技术规范》GB 50348—2004
35.《国家电气设备安全技术规范》GB 19517—2009
36.《企业职工伤亡事故分类》GB 6441—1986
37.《生产过程安全卫生要求总则》GB/T 12801—2008
38.《生产过程危险和有害因素分类与代码》GB/T 13861—2009
39.《继电保护和安全自动装置技术规程》GB/T 14285—2006
40.《场（厂）内机动车辆安全检验技术要求》GB/T 16178—2011
41.《工业企业厂内铁路、道路运输安全规程》GB 4387—2008
42.《火灾分类》GB/T 4968—2008
43.《安全防范报警设备安全要求和试验方法》GB 16796—2009
44.《冷弯薄壁型钢结构技术规范》GB 50018—2002
45.《水轮发电机组安装技术规范》GB/T 8564—2003
46.《大坝安全监测系统验收规范》GB/T 22385—2008
47.《高处作业分级》GB/T 3608—2008
48.《企业安全生产标准化基本规范》GB/T 33000—2016
49.《生产经营单位生产安全事故应急预案编制导则》GB/T 29639—2013
50.《建筑施工场界环境噪声排放标准》GB 12523—2011
51.《供配电系统设计规范》GB 50052—2009
52.《低压配电装置设计规范》GB 50054—2011
53.《防止静电事故通用导则》GB 12158—2006
54.《电气设备安全设计导则》GB/T 25295—2010
55.《用电安全导则》GB 13869—2008
56.《手持式电动工具的管理、使用、检查和维修安全技术规程》GB/T 3787—2006
57.《工作场所有害因素职业接触限值第1部分：化学有害因素》GBZ 2.1—2007
58.《工作场所有害因素职业接触限值第2部分：物理因素》GBZ 2.2—2007
59.《工作场所职业病危害警示标识》GBZ 158—2003
60.《呼吸防护用品的选择、使用与维护》GB/T 18664—2002
61.《职业性接触毒物危害程度分级》GBZ 230—2010
62.《工作场所防止职业中毒卫生工程防护措施规范》GBZ/T 194—2007

63. 《生产经营单位安全生产事故应急预案编制导则》AQ/T 9002—2006
64. 《企业安全文化建设导则》AQ/T 9004—2008
65. 《企业安全文化建设评价准则》AQ/T 9005—2008
66. 《生产安全事故应急演练指南》AQ/T 9007—2011
67. 《危险化学品重大危险源安全监控通用技术规范》AQ 3035—2010
68. 《水库工程管理设计规范》SL 106—2017
69. 《水利水电建设工程验收规程》SL 223—2008
70. 《水库大坝安全评价导则》SL 258—2017
71. 《水利水电工程施工组织设计规范》SL 303—2017
72. 《泵站安全鉴定规程》SL 316—2015
73. 水利水电建设用缆索起重机技术条件 SL 375—2017
74. 《水利水电工程锚喷支护技术规范》SL 377—2007
75. 《水利水电工程施工通用安全技术规程》SL 398—2007
76. 《水利水电工程土建施工安全技术规程》SL 399—2007
77. 《水利水电工程机电设备安装安全技术规程》SL 400—2016
78. 《水利水电工程施工作业人员安全操作规程》SL 401—2007
79. 《水利水电起重机械安全规程》SL 425—2017
80. 《土石坝安全监测技术规范》SL 551—2012
81. 《水利水电工程施工安全防护设施技术规范》SL 714—2015
82. 《水利水电工程施工安全管理导则》SL 721—2015
83. 城市防洪应急预案编制导则 SL 754—2017
84. 《水利技术标准编写规定》SL 1—2014
85. 水利单位管理体系要求 SL/Z 503—2016
86. 《建筑机械使用安全技术规程》JGJ 33—2012
87. 《施工现场临时用电安全技术规范》JGJ 46—2005
88. 《建筑施工安全检查标准》JGJ 59—2011
89. 《施工企业安全生产评价标准》JGJ 77—2010
90. 《建筑施工高处作业安全技术规范》JGJ 80—2016
91. 《建筑基坑支护技术规程》JGJ 120—2012
92. 《建筑施工扣件式钢管脚手架安全技术规范》JGJ 130—2011
93. 《建筑拆除工程安全技术规范》JGJ 147—2016
94. 《建筑施工模板安全技术规范》JGJ 162—2008
95. 《建筑施工碗扣式钢管脚手架安全技术规范》JGJ 166—2016
96. 《建筑施工土石方工程安全技术规范》JGJ 180—2009

97. 《建筑施工作业劳动防护用品配备及使用标准》JGJ 184—2009
98. 《施工现场临时建筑物技术规范》JGJ/T 188—2009
99. 《建筑施工塔式起重机安装、使用、拆卸安全技术规程》JGJ 196—2010
100. 《建筑施工升降机安装、使用、拆卸安全技术规程》JGJ 215—2010
101. 《大坝安全监测数据自动采集装置》DL/T 1134—2009
102. 《水电水利工程爆破施工技术规范》DL/T 5135—2013
103. 《水电水利工程施工安全防护设施技术规范》DL 5162—2013
104. 《水电水利工程混凝土防渗墙施工规范》DL/T 5199—2004
105. 《水电水利工程高压喷射灌浆技术规范》DL/T 5200—2004
106. 《混凝土坝安全监测资料整编规程》DL/T 5209—2005
107. 《水电水利工程施工通用安全技术规程》DL/T 5370—2007
108. 《水电水利工程土建施工安全技术规程》DL/T 5371—2007
109. 《水电水利工程金属结构与机电设备安装安全技术规程》DL/T 5372—2007
110. 《水电水利工程施工作业人员安全技术操作规程》DL/T 5373—2007
111. 《水电水利施工重大危险源辨识及评价导则》DL/T 5274—2012

参 考 文 献

[1] 刘文锋,隋海波. 建设法规概论[M]. 北京:高等教育出版社,2013.

[2] 全国人大常委会法制工作委员会. 中华人民共和国安全生产法释义[M]. 北京:法律出版社,2014.

[3] 全国人大常委会法制工作委员会. 中华人民共和国特种设备安全法释义[M]. 北京:中国法制出版社,2013.

[4] 山东省建筑施工企业管理人员安全生产考核培训教材编审委员会. 建筑安全生产法律法规[M]. 第二版,青岛:中国海洋大学出版社,2012.

[5] 上海市城乡建设和交通委员会人才交流和岗位考核指导中心,上海市建设工程安全质量监督总站. 安全生产知识[M]. 上海:华东师范大学出版社,2013.

[6] 尚春明,方东平. 中国建筑职业安全健康理论与实践[M]. 北京:中国建筑工业出版社,2007.

[7] 张英明,刘锦. 特种作业安全生产知识[M]. 徐州:中国矿业大学出版社,2011.

[8] 住房和城乡建设部法规司. 行政处罚与行政救济法规知识读本[M]. 北京:知识产权出版社,2011.

[9] 住房和城乡建设部工程质量安全监管司. 建设工程安全生产法律法规[M]. 第二版. 北京:中国建筑工业出版社,2008.

[10] 水利部安全监督司,水利部建设管理与质量安全中心. 水利水电工程建设安全生产管理[M]. 北京:中国水利水电出版社,2014.